# Der liebe Gott hat gut lachen

365 Witze

benno

Bibliografische Information der
Deutschen Nationalbibliothek
Die Deutsche Nationalbibliothek
verzeichnet diese Publikation
in der Deutschen Nationalbibliografie;
detaillierte bibliografische Daten sind im Internet über
http://dnb.d-nb.de abrufbar

**Besuchen Sie uns im Internet unter**
**www.st-benno.de**

Bildnachweis:
4.1.: © TAJ/Fotolia.de
alle anderen Zeichnungen:
© Michaela Steininger/Fotolia.de

ISBN 978-3-7462-3239-3


Stammerstr. 11, 04159 Leipzig
Umschlaggestaltung: Ulrike Vetter, Leipzig
Umschlagfoto: © Günter Menzel/Fotolia.de
Gesamtherstellung: Kontext, Lemsel (B)

Liebe Britta &
Lieber Jürgen,
wir wünschen euch
von ganzem Herzen,
eine gute Zeit
mit viel Lachen
und fröhlichen
Stunden.

Marie &
Birgit Horst

23.6.2019

# Der liebe Gott hat gut lachen

Das Beste,
was wir auf der Welt tun können,
ist Gutes tun, fröhlich sein
und die Spatzen pfeifen lassen.

DON BOSCO

# 1. Januar

Fritzchen kommt aus der Kirche. „Na, was hat der Pfarrer gesagt?" „Er hat gesagt: Die Eltern sollen ihre Kinder nicht so viel fragen, sondern selber in die Kirche kommen!"

# 2. Januar

Martin verrichtet jeden Abend vor dem Schlafengehen brav sein Nachtgebet. Eines Abends ist er nun schrecklich müde und so betet er: „Lieber Gott, siehe Gebetbuch Seite 43, Amen."

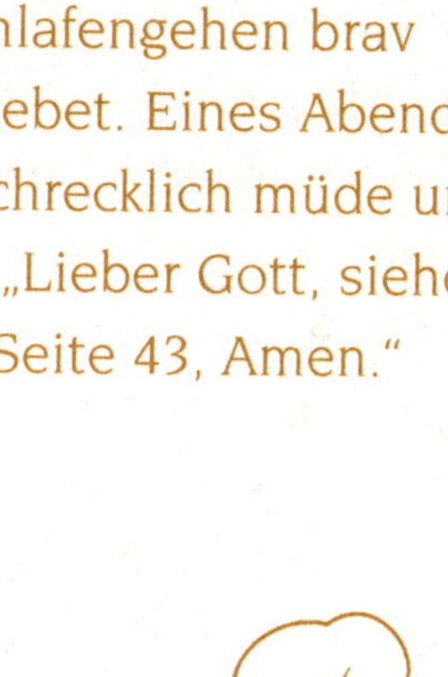

# 3. Januar

Ein Pfarrer und ein Reisebusfahrer warten zusammen an der Himmelstüre und bitten um Einlass. Als Petrus aufmacht, bittet er den Reisebusfahrer hinein und verwehrt dem Pfarrer den Eintritt. Auf die Frage des Geistlichen hin antwortet Petrus: »Ganz einfach! Jedes Mal, wenn die Menschen in deiner Kirche waren, haben sie geschlafen, aber jedes Mal, wenn sie im Bus gesessen haben, haben sie gebetet!“

# 4. Januar

Der Herr Dekan kommt zur Visite nach Krumpholz. Die Kirche ist verschlossen und kein Pfarrer in Sicht. Am Friedhof an der Kirche findet er ein altes Mütterlein. Er fragt sie, warum die Kirche geschlossen sei.
Sie antwortet ihm: „Wegen eines Todesfalls." Erschrocken fragt der Dekan: „Ihr Pfarrer Meier ist gestorben?" „Der nicht, aber der letzte Werktags-Gottesdienstbesucher."

# 5. Januar

Ein Mann kommt aus der Kirche. Der missionarische Pfarrer zieht ihn beiseite: „Du musst auch in die Armee des Herrn eintreten."
Der Mann antwortet: „Aber ich gehöre schon zur Armee des Herrn!"
„Warum sehe ich dich dann nie in der Kirche, mein Sohn?"
Der Mann schaut verstohlen zur Seite und flüstert: „Ich bin beim Geheimdienst …"

# 6. Januar

Der Pfarrer kondoliert nach der Beerdigung am offenen Grab den Angehörigen des Verstorbenen, der als recht wohlhabend gegolten hat.
„Sind Sie auch mit ihm verwandt?", fragt der Geistliche einen der Umstehenden, der besonders bitterlich schluchzt.
„Eben nicht", antwortet der.

# 7. Januar

Der Religionslehrer prüft einen Schüler über die Sakramente:
„Erste Frage: Was sind die sichtbaren Zeichen beim heiligen Abendmahl?"
„Brot und Wein", antwortet der Prüfling.
„Zweite Frage: Was sind die sichtbaren Zeichen bei der Taufe?"
Der Schüler hat eine Reihe jüngerer Geschwister, kann also auf praktische Erfahrung zurückgreifen. Und so lautet seine Antwort: „Kaffee und Kuchen."

# 8. Januar

Im Kindergottesdienst wiederholt der Kaplan in der Predigt mit den Kindern die eben in der Lesung gehörte Schöpfungsgeschichte. Er fragt: „Welche Sünde hat Adam begangen?" Swenja antwortet: „Er hat von dem verbotenen Apfel gegessen." „Richtig", lobt der Kaplan. „Und womit wurde er dann bestraft?" Swenja weiß es: „Er musste Eva heiraten."

# 9. Januar

Der Pfarrer predigt gegen den Egoismus und gegen die Gier. „Die Menschen denken nur noch an sich, an ihre Vergnügungen, an das Trinken und Essen. Während wir zum Beispiel hier noch in der Kirche sind, sitzen die meisten Leute schon drüben in der Gastwirtschaft und essen mir den leckeren Kalbsbraten weg.“

# 10. Januar

Der junge Pfarramtskandidat hat in seiner Predigt alle Beweise für das Dasein Gottes vorgetragen und steigt befriedigt von der Kanzel. Vor der Kirche tritt ein altes Gemeindeglied auf ihn zu, sieht ihm fest in die Augen und sagt: „Und es gibt doch einen Gott."

# 11. Januar

Wie lautet der Name Gottes?
Ernst Groß, denn in der Bibel steht:
„Wer mich mit Ernst anruft, wird erhört werden. Denn mein Name ist Groß."

# 12. Januar

Wie lautet die Telefonnummer von Gott?
50 15, denn im Psalm 50,15 steht:
„Ruft mich an in der Not …"

# 13. Januar

Ein fremder Beichtvater hält auch die Sonntagsmesse und predigt und predigt und predigt … Die Leute rutschen schon ganz unruhig auf den Bänken hin und her, denn das sind sie von ihrem Pfarrer nicht gewohnt. Plötzlich hört man eine helle Kinderstimme: „Mutti, ist noch Sonntag?“

# 14. Januar

Ein katholischer Priester und ein jüdischer Rabbi essen gemeinsam zu Mittag. Als der katholische Pfarrer ein Stück Fleisch abschneidet, fragt er den Rabbi: „Wann sind Sie endlich so tolerant und probieren von diesem feinen Schweinesteak?“
Da antwortet der Rabbi:
„Auf Ihrer Hochzeit, Hochwürden …“

# 15. Januar

Klein Erna darf mit Mutti zu einer kurzen Andacht mit in die Kirche. Eine Messe hält sie noch nicht durch. Interessiert schaut sich Erna um: die bunten Fenster, hübsche Figuren, große brennende Kerzen und das ewige Licht neben dem Tabernakel. Doch bald wird es ihr langweilig, und sie fragt die Mutti: „Dauert es noch lange, bis die Ampel auf Grün schaltet?“

# 16. Januar

Einem Geistlichen wird vor der Predigt ein Brief überreicht. Darin steht nur ein einziges Wort: „Blödmann“. Der Gemeinde erzählt er davon und meint: „Ich kenne viele Beispiele dafür, dass jemand einen Brief schreibt und dann vergisst, ihn zu unterschreiben. Aber das ist der erste Fall, dass jemand unterschreibt und den Brief zu schreiben vergisst!“

# 17. Januar

Der Kaplan zeigt beim Erstkommunionunterricht den Kindern den Beichtstuhl. Ein kleiner Junge sieht die Stola dort hängen und fragt den verdutzten Kaplan: „Müsst Ihr Euch jetzt auch anschnallen?“

# 18. Januar

Am Samstagabend fragt der Pfarrer den Kaplan, worüber er zu predigen gedenke.
Der Kaplan: „Ich dachte an die Tugend der Sparsamkeit!“
Der Pfarrer: „In Ordnung, aber wir werden die Kollekte wohl besser vorher einsammeln!“

# 19. Januar

Der Referatsleiter für den Religionsunterricht ist angekündigt. Der Pfarrer schärft der ersten Klasse ein, den Herrn Ordinariatsrat ja nicht mit „du" anzureden. Im Unterricht werden die zehn Gebote behandelt. Der Ordinariatsrat lässt es sich natürlich nicht nehmen, die Schüler zu befragen: „Na, wie heißt denn das sechste Gebot, du da hinten mit den schwarzen Haaren?" Annegret steht auf: „Du sollst … äh Sie sollen nicht ehebrechen, Herr Ordinariatsrat."

# 20. Januar

„Was für Sünden soll ich Ihnen eigentlich bekennen, ich gehe jeden Sonntag in die Messe, führe ein geregeltes Leben, gehe früh schlafen, bin pünktlich zur Arbeit und lese jeden Tag in der Bibel.“ „Ja, ja, gut, gut, mein Sohn, aber das wird sich leider wohl alles ändern, wenn du hier rauskommst“, unterbricht ihn der Gefängnispfarrer.

# 21. Januar

Ein Millionär liegt im Sterben und ruft den Pfarrer. „Herr Pfarrer, wenn ich mein Vermögen der Kirche vermache, kann ich dann sicher sein, in den Himmel zu kommen?“
„Versprechen kann ich nichts“, meint der Pfarrer, „aber versuchen sollten Sie es auf alle Fälle.“

# 22. Januar

Der Pfarrer betritt das Sprechzimmer des Arztes.
„Was fehlt Ihnen denn?“, fragt der besorgte Mediziner.
„Ich rede im Schlaf.“
„Aber das ist doch nicht schlimm“, will der Arzt beruhigen.
„Doch, Herr Doktor, die ganze Gemeinde lacht schon darüber.“

# 23. Januar

Die kleine Fiona langweilt sich furchtbar im Gottesdienst. Unruhig rutscht sie während der Predigt in der Bank hin und her. Schließlich hält sie es nicht mehr aus und fragt laut vernehmlich ihren Vater: „Papa, wenn wir dem Pfarrer jetzt schon unseren Groschen geben, dürfen wir dann früher gehen?“

# 24. Januar

Mit ergreifenden Worten beschwört der Pfarrer die Gemeinde, aus Dankbarkeit Gott und der Kirche gegenüber wieder zur Einrichtung des Kirchenzehnts zurückzukommen.
Ein Gemeindemitglied ist so gerührt, dass es zu seinem Banknachbarn sagt: „Ein Zehntel? – Ich will sogar ein Zwanzigstel geben!!“

# 25. Januar

Pfarrer Bornstett pflegt seine Predigt vom Manuskript abzulesen, das er eine halbe Stunde vor Beginn des Gottesdienstes auf die Kanzel legt. Ein Gemeindemitglied entwendet heimlich die letzte Seite. Was passiert? Gerade liest der Pfarrer vor: „Und Adam sprach zu Eva …“, da blättert er weiter, findet das letzte Blatt nicht, sucht durch das Manuskript, und fügt leise hinzu, aber über die Lautsprecher ist es deutlich zu vernehmen: „… da fehlt doch ein Blatt!“

# 26. Januar

Ein Prälat, der ein passionierter Angler ist, bohrt ein Loch ins Eis und wirft seine Angel aus. Da plötzlich ertönt eine Stimme aus der Höhe: „Hier gibt es keine Fische!“ Er schaut sich um, geht ein paar Schritte weiter und hackt ein neues Loch. Da ruft die Stimme: „Ich hab dir doch gesagt, dass es hier keine Fische gibt!“ „Wer bist du, o Herr?“ Die Stimme gibt zurück: „Der Hallenwart vom Eisstadion!“

## 27. Januar

Zwei Geistliche unterhalten sich.
„Ich habe neulich über eine Stunde gepredigt“, sagt der eine.
Der andere fragt erstaunt: „Da musst du doch völlig fertig gewesen sein?“
„Ich nicht, aber die Gemeinde hättest du sehen sollen.“

# 28. Januar

Der Kaplan zimmert mit den größeren Ministranten an der Bühne für das Gemeindefest. Dabei haut er sich kräftig auf den großen Finger. Er reißt den Mund auf, doch ehe er ein Wort herausbringt, sagt der vorlaute Karl: „Was, Herr Kaplan, jetzt möchten Sie fluchen dürfen.“

# 29. Januar

Während der Pfarrerausbildung muss der Pastor einen Gottesdienst in einer fremden Kirche halten. Aus Nervosität spielt er während der Predigt an einer Schraube herum, die in die Kanzel hineinragt. Nach dem Gottesdienst meint ein junger Mann zu ihm, er habe sich gut gehalten, angesichts seiner Nervosität. „Woher wussten Sie, dass ich nervös war?“, fragte der Pastor. „Nun“, antwortete der Mann, „während der ganzen Predigt drehte sich das Kanzelkreuz wie ein Propeller!“

# 30. Januar

Vor der New Yorker Kathedrale sagt ein Seifenfabrikant zu einem Priester: „Das Christentum hat doch in den 2000 Jahren nichts erreicht, es wird gepredigt und gepredigt, aber alle wollen nur Geld und ein schönes Leben. Die Menschen sind keinen Deut besser geworden." Der Priester zeigt auf einen kleinen Jungen mit dreckigen Händen und Knien. „Seife hat auch nichts erreicht. Es gibt überall noch schmutzige Menschen."
„Na ja, Seife hilft nur, wenn man sie anwendet." Da nickt der Priester: „Eben, Christentum auch."

# 31. Januar

Gespräch auf dem Kirchhof: „Der Pfarrer müsste einfach mehr Feuer in seine Predigten legen."
Antwort: „Oder umgekehrt: Mehr Predigten ins Feuer."

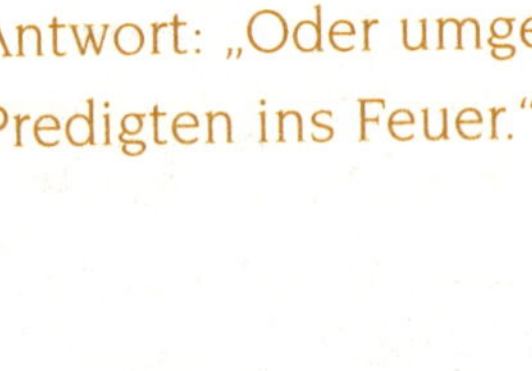

# 1. Februar

Sagt der Pfarrer beim Gottesdienst: „Unser Organist kann heute leider nicht spielen. Ich stimme das Lied 71 an, danach fällt die ganze Kirche ein!“

# 2. Februar

Bei einer Visitation besichtigt ein Bischof auch die Kellerräume des Pfarrhauses. Mit Befremden bemerkt er Berge von leeren Weinflaschen, die hier aufgestapelt sind.
„Hier liegen aber sehr viele Leichen!“, sagt er zu dem Pfarrer.
„Keine Sorge, Euer Exzellenz“, antwortet der Pfarrer, „keine ist ohne geistlichen Beistand gestorben.“

# 3. Februar

Die Leute drängen sich förmlich zum Blasiussegen. Keiner möchte lange warten. Nur Richard dreht sich um und verlässt frohgemut die Kirche. Einer der Gesegneten holt ihn ein und fragt: „Warum willst du keinen Blasiussegen?"

Richard grinst: „Brauch ich nicht, mir wurden die Mandeln schon als Kind herausgenommen."

# 4. Februar

Der Lektorenplan wird aufgestellt. Klaus, der am Sonntag gern lange schläft, weigert sich, den Dienst in der Frühmesse zu übernehmen, und begründet das: „Jesus hat schließlich keine Frühmesse um 6.30 Uhr gestiftet, sondern ein Abendmahl."

# 5. Februar

Im Schaukasten hängt die Ankündigung für einen Vortrag, der Mittwoch, 19 Uhr im Gemeindesaal stattfindet. Prof. Tischel spricht zum Thema „Gehet hin, ihr Verdammten, in das ewige Feuer!“ Eintritt frei.

# 6. Februar

Der Pfarrer hat den Kirchenvorstand zum Essen eingeladen. Bei der Bestellung der Getränke zählt der Ober auf: „Wir haben einen badischen Spätburgunder, einen trockenen Riesling aus dem Rheingau, einen leichten Chardonnay aus der französischen Provence und einen Chianti."
Der bescheidene Pfarrer sagt: „Waser ist noch immer das beste aller Getränke. Für mich bitte ein Glas Mineralwasser."
Der erste Kirchenvorsteher sagt: „In aller Bescheidenheit, für mich muss es nicht das Beste sein. Ich begnüge mich mit einem Chianti."

# 7. Februar

Eine Gruppe amerikanischer Soldaten ist zur NATO-Übung in Schweden. Einige der Soldaten besuchen einen Gottesdienst, obwohl sie kein Wort Schwedisch verstehen. Ein Mann in der Reihe vor ihnen erhebt sich, und so denken sie, der Gottesdienst ist zu Ende, und wollen ebenfalls gehen. Als sie aufstehen, bricht die ganze Kirche in Gelächter aus. Sie fragen den Pfarrer, was das zu bedeuten habe. Dieser antwortet: „Wir wollten eben mit der Kindstaufe beginnen, und da habe ich den Vater gebeten, sich zu erheben."

# 8. Februar

In der Sonntagsschule fragt der Pfarrer: „Was muss man tun, um in den Himmel zu kommen?“
Magnus antwortet: „Sterben!“

# 9. Februar

Nach dem Gottesdienst sagt ein Kirchenbesucher zum anderen: „Unser Pfarrer ist wie der liebe Gott. Am Sonntag ist er unbegreiflich und während der Woche ist er unsichtbar.“

# 10. Februar

Ein geiziger Bauer fällt in den Graben und ist am Ertrinken. Die Knechte kommen gelaufen und rufen: „Gebt Eure Hand, gebt Eure Hand …" Aber der Bauer reagiert nicht und rudert weiter im Wasser herum. Da kommt der Pfarrer vorbei und rät: „Der gibt nichts, ihr müsst rufen: Nehmt unsre Hände …" Sofort ergreift der Bauer die ausgestreckten Hände und lässt sich ans Ufer ziehen.

# 11. Februar

Der Geschäftsführer eines großen Supermarktes bittet den katholischen Pfarrer bei der Eröffnung des Marktes, diesen gegen einen kleinen Obolus zu weihen. Der Pfarrer tut das. Am Ende kommt ein Mann zu ihm und fragt: „Hätten Sie noch etwas Zeit?" „Warum. haben Sie auch ein Geschäft?" „Ja, den kleinen Gemüseladen nebenan." „Und der soll wohl auch eingeweiht werden?" „Nein, ich dachte eher an die Letzte Ölung."

# 12. Februar

Der Dorfpfarrer setzt sich zu Tisch und beginnt zu essen, ohne sein übliches Tischgebet gesprochen zu haben. Als ihn die Haushälterin darauf aufmerksam macht, meint er nur: „Über allem, was sich auf diesem Tisch befindet, wurde schon mindestens dreimal der Segen gesprochen ...“

# 13. Februar

Es stand an der Kathedrale: „Der Dompropst heißt alle Touristen herzlich willkommen. Er möchte aber darauf hinweisen, dass in der Kirche keine Gelegenheit zum Schwimmen gegeben ist. Daher ist es völlig unnötig, die Kathedrale in Strandkleidung zu betreten."

# 14. Februar

Der Pfarrer predigt über Neid und Missgunst unter den Menschen. Er wählt ein Beispiel, um der Gemeinde deutlich zu machen, dass jeder auf seinem Platz glücklich werden und nicht immer nach den anderen schauen soll. „Seht, die Rose braucht die Sonne, die Fuchsie dagegen wächst nur im Schatten."
In der Woche trifft er ein altes Mütterchen. „Was haben Sie so schön gepredigt, Herr Pfarrer. Jetzt weiß ich endlich, warum meine Fuchsien nicht gedeihen."

# 15. Februar

Fritzchen schreibt einen Brief an den lieben Gott: „Bitte, schick mir hundert Mark!“
Die Post weiß grad nichts Besseres, als den Brief an den Bundeskanzler zu schicken. Der schickt ihm einen Brief zurück mit 5 Mark drin. Schreibt Fritzchen zurück:
„Danke, aber warum hast du ihn über den Kanzler geschickt? Der hat doch glatt 95 % Steuern einbehalten!“

# 16. Februar

Wer war der erste Kellner?
Der Heilige Geist, denn in der Bibel steht: „Er nahte mit Brausen."

# 17. Februar

Welches Musikinstrument spielt Gott? Tuba. Es heißt doch: „Vater unser, der TUBIST im Himmel …“

# 18. Februar

Der Pfarrer klingelt an einer Haustür, und aus der Gegensprechanlage tönt es: „Engelchen, bist du es?“
Der Pfarrer antwortet: „Nein, aber ich bin von derselben Fima!“

# 19. Februar

Der Pfarrer redet einem seiner „schwarzen Schafe“ ins Gewissen: „Mein Sohn, ich fürchte, wir werden uns nie im Himmel begegnen …“ „Nanu, Herr Pfarrer, was haben Sie denn ausgefressen?“

# 20. Februar

Die kleine Eva kommt ganz glücklich aus dem Religionsunterricht nach Hause. „Na, worüber habt ihr denn heute gesprochen?“, fragt die Mutter. „Hauptsächlich über Adam und mich!“, strahlt Eva.

# 21. Februar

Im Deutschunterricht fragt der Lehrer: „Florian, wie heißt die Vergangenheit des Sprichwortes ‚Der Mensch denkt und Gott lenkt'?"
Florians Antwort: „Der Mensch dachte und Gott lachte."

# 22. Februar

Ein Pfarrer spricht in der Predigt von der wunderbaren Brotvermehrung. „Stellt euch vor, was das heißt: fünf Menschen mit fünftausend Broten zu speisen!" Dem Küster entschlüpft die Bemerkung: „Das könnte jeder andere auch!"
Am nächsten Sonntag berichtigt der Pfarrer: „Ich habe mich neulich versprochen. Ich wollte sagen, dass der Herr fünftausend Menschen mit fünf Broten gespeist hat." Und zum Küster gewandt: „Und diesmal kann das kein anderer auch!" – „Doch", gibt der Küster zurück, „Sie vergessen die Reste vom letzten Sonntag!"

# 23. Februar

Ein Vertreter für Lautsprecheranlagen meldet sich im Pfarrbüro. Er will dem Pfarrer seine Produkte für die Kirche empfehlen.
Die Pfarrsekretärin wiegelt ab: „Sie sollten heute besser nicht zum Pfarrer gehen. Der Chef hat ganz schlechte Laune."
Das sieht der Vertreter ein und erkundigt sich: „Und wann hat der Pfarrer gute Laune?"
„Das weiß ich nicht", antwortet ihm die Sekretärin, „ich bin erst seit einem Jahr hier."

# 24. Februar

Gerda gibt die Schöpfungsgeschichte mit eigenen Worten wieder: „Am Anfang war das Nichts. Dann schuf Gott das Licht. Da war dann zwar immer noch nichts, aber jeder konnte es sehen.“

# 25. Februar

Ein fleißiger Kirchgänger nach dem sonntäglichen Gottesdienst:
„Eine schöne Predigt war das. Heute hatte ich zum ersten Mal das Gefühl, dass er nicht mich persönlich meint.“

# 26. Februar

Der Dorfarzt, der selten in der Kirche zu sehen ist, kommt zu seinem 60. Geburtstag zur Beichte. Nach der langen Beichte meint der Arzt: „Langsam mache ich mir doch Gedanken, ob ich mit meinen Sünden nicht in der Hölle lande. Können Sie nicht ein Wort für mich einlegen?" Der Pfarrer meint: „Ich will tun, was ich kann, aber unter einer Bedingung: Sie tun dafür alles, dass ich nicht zu schnell in den Himmel komme."

# 27. Februar

Ein Mann, dessen Frau vor einem halben Jahr gestorben ist, will wieder heiraten und geht zum Pfarrer, um sich Rat zu holen. „Aber du bist doch erst ein halbes Jahr Witwer, und alt bist du außerdem." „Herr Pfarrer, wozu brauchen Sie denn Ihre Haushälterin?" „Na zum Kochen, Waschen, Putzen etc." „Genau, Herr Pfarrer, wegen diesem etc. tät ich gerne wieder heiraten."

# 28. Februar

In einer Kirche ist der Opferstock aufgebrochen worden. Ein paar Tage später erhält der Pfarrer einen Briefumschlag mit einem Zwanzigmarkschein. Auf einem beiliegenden Zettel steht: „Ich habe in Ihrer Kirche 100 Mark gestohlen. Da mich das Gewissen plagt, sende ich Ihnen hiermit 20 Mark zurück. Sollte mich das Gewissen weiter plagen, haben Sie mit weiteren Rückzahlungen zu rechnen."

# 29. Februar

Im Kloster wird gebaut. Die Oberin schickt die Küchenschwester mit der Suppe zur Baustelle, um sie an die Arbeiter zu verteilen. Die Schwester überlegt: ‚Bevor ich den Arbeitern die Suppe gebe, möchte ich doch wissen, wie es um ihren Glauben steht.'
Sie fragt den Polier: „Kennen Sie Pontius Pilatus?" Der schreit nach oben: „Kennt einer den Pontius Pilatus?" „Warum?", tönt es zurück. „Seine Alte ist da und bringt ihm das Essen!"

# 1. März

Während des spanischen Bürgerkrieges versucht ein protestantischer Pfarrer einen katalanischen Anarchisten zu bekehren. „Geben Sie sich keine Mühe“, bekommt er zur Antwort. „Ich glaube ja nicht einmal an die einzig wahre Religion – wie sollte ich dann an Ihre glauben?“

# 2. März

Als der Pfarrer am Ende des Gottesdienstes die Vermeldungen für die kommende Woche bekannt gibt, findet sich darunter auch folgender Hinweis: „Die Jugendgruppe führt am Dienstag um 19.00 Uhr Shakespeares ‚Hamlet' auf. Die Gemeinde ist herzlich eingeladen, dieser Tragödie beizuwohnen."

# 3. März

Ein Ehepaar fragt den Pfarrer um Rat, weil ihr Kinderwunsch bis jetzt unerfüllt geblieben ist. Dieser rät zu einer Pilgerfahrt nach Lourdes, um dort eine Kerze zu entzünden. Kurz darauf wird der Pfarrer in eine andere Stadt versetzt. Nach vielen Jahren kehrt er an die Stätte seines einstigen Wirkens zurück und will auch diese Familie besuchen. Als er an der Haustür klingelt, empfängt ihn eine große Kinderschar. „Sind denn eure Eltern nicht zu Hause?“, fragt er den Ältesten. – „Nein, die sind in Lourdes, irgend so eine Kerze ausblasen!“

# 4. März

Der Pater hat die Gemeinde zur Beichte eingeladen, am Donnerstag die Männer, am Freitag die Frauen.
Doch am Donnerstag steht vorn in der Reihe eine Frau. „Heute sind nur Männer dran“, winkt der Pater ab.
Das beeindruckt die Frau wenig. Sie sagt ihm: „Jetzt bin ich da und komme so bald nicht wieder. Das letzte Mal habe ich vor sechs Jahren gebeichtet.“
Da lenkt der Pater ein: „Vor sechs Jahren? Dann komm rein, du bist ein Mann.“

# 5. März

In die Justizvollzugsanstalt kommt zum ersten Mal der neue Gefangenenseelsorger. Der Direktor empfängt ihn und sagt: „Herr Pfarrer, wir haben hier ein paar ganz schwere Jungs sitzen. Soll ich ihnen vorsichtshalber einen Wärter mitgeben?"
Der Pfarrer winkt ab: „Ärger bin ich gewöhnt. Doch ich weiß es vom Religionsunterricht: Wer Schwierigkeiten macht, fliegt raus."

# 6. März

Ein Rebbe geht am Sabbat spazieren und sieht eine Geldbörse auf der Erde liegen. Ihn überkommen aber starke Zweifel, ob er mit dem Aufheben schon gegen die Sabbatruhe verstößt. Plötzlich fällt er auf die Knie und ruft laut aus: „A Dank, o Herr, fir dieses Wunder. Ringsum is Sabbat, aber an dieser Stelle is schon Sonntag.“

# 7. März

Eine Kirche in Schottland hat ein reparaturbedürftiges Dach. Niemand will spenden. Da fällt während des Sonntagsgottesdienstes ein Stück Putz genau dem Gemeindevorsteher auf den Kopf. „Ich spende fünf Pfund“, meint der Vorsteher nach dem Gottesdienst.
Der Pfarrer hebt am nächsten Sonntag seine Augen gen Himmel und betet: „O Herr, triff sie alle.“

# 8. März

Bitterlich weinend kommt der kleine Manuel aus dem Kindergottesdienst nach Hause. „Der liebe Gott ist sehr krank", schluchzt er, „vielleicht muss er sogar sterben." „Wer hat dir denn diesen Unsinn erzählt?", fragt die Mutter. „Der Herr Pfarrer hat es selbst gesagt", erwidert Manuel, „bei den Vermeldungen hat er gesagt: ‚Ich muss der Gemeinde eine traurige Mitteilung machen. Heute früh hat Gott der Herr den allseits geschätzten Doktor Hansberger zu sich gerufen."

# 9. März

In der Sakristei sieht der Pfarrer ein Paar Schlittschuhe liegen. Er fragt die Ministranten: „Wem gehören denn die?“
Philipp antwortet zögernd: „Den Eisheiligen …?“

# 10. März

Ein Pater in Mission hält in einem katholischen Dorf eine Strafpredigt gegen das Kartenspiel: „Wie viel Zeit wird damit doch vertan!!!“ „Ja, ja, besonders beim Mischen!!!“, meint ein Bauer zu seinem Nachbarn.

# 11. März

Chorleiter zum Kirchenchor: „Dass wir uns nicht alle in der gleichen Tonart bewegen, ist nicht so schlimm.
Dass wir alle nicht gleichzeitig anfangen, ist auch nicht so schlimm.
Dass jeder sein eigenes Tempo hat, das kann ja vorkommen.
Doch könnten wir nicht wenigstens alle dasselbe Lied singen?“

# 12. März

Der Kaplan rauft sich die schon spärlicher werdenden Haare über die Bibelkenntnisse von Alfons und mosert: „Einer von uns beiden ist ein kompletter Idiot.“
Zur nächsten Relistunde bringt Alfons einen Brief für den Kaplan mit.
„Was ist das?“, fragt dieser.
„Ein Attest vom Kinderarzt, dass ich normal bin.“

# 13. März

Nach dem Kindergottesdienst wiederholt Silvia für sich den Schlusssegen aus der Kirche: „Es segne euch der dreibeinige Gott …"

# 14. März

In einem Aufsatz: „Die Erbsünde haben wir von Adam und Eva. Alle anderen Sünden müssen wir uns selbst erwerben.“

# 15. März

Bei der Klassenarbeit in Religion wussten Fritz und Emil mal wieder gar nichts. Auf dem Nachhauseweg sagt Fritz: „Das waren für mich alles böhmische Dörfer. Ich habe ein leeres Blatt abgegeben."
„Auch ich habe nur ein leeres Blatt abgegeben", antwortet ihm Emil.
„Da wird der Kaplan wohl wieder behaupten, wir hätten voneinander abgeschrieben."

# 16. März

Der Pfarrer sitzt mit Hans am Wirtshaustisch und muss eine Frage nach der anderen über Kirchensteuer, Papst, Frauen als Priester, Zölibat … beantworten. Zuletzt fragt der Hans: „Herr Pfarrer, ich möchte am Schluss einmal wissen, warum es eine Sünde ist, bei einem Mädchen zu schlafen." Darauf der Pfarrer: „Das Problem ist, ihr schlaft ja eben nicht."

# 17. März

Der Bischof sitzt beim Frühstück, als ein Pfarrer angemeldet wird. Der Bischof lässt diesen eintreten und bittet ihn zu Tisch: „Frühstücken Sie doch mit mir.“ „Danke, Herr Bischof“, erwidert der Pfarrer, „erstens ist heute Fasttag, und zweitens habe ich schon reichlich gefrühstückt.“

# 18. März

Ein evangelischer und ein katholischer Pfarrer besuchen gemeinsam in Trier den Dom. „Der Heilige Rock ist nicht echt", lästert der evangelische Pfarrer, „da sieht man ja noch das Etikett von Neckermann." „Und er ist doch echt, lieber Bruder in Christo", gibt der katholische verschmitzt zurück: „Die Einladungskarten zur Hochzeit von Kana sind in der Tasche gefunden worden."

# 19. März

In ihre Schulhefte haben sich die Kinder als Antwort auf die Frage „Was ist Religion?“ notiert: „Religion ist die Verbindung des Menschen mit Gott.“ Als die gleiche Frage in der Klassenarbeit gestellt wird, antwortet der nur mäßig interessierte Karl: „Religion ist was für die, wo Pfarrer werden wollen.“

# 20. März

Ein Kfz-Mechaniker ist soeben bei Petrus angekommen. „Petrus, warum bin ich denn schon hier, ich bin doch erst 45 Jahre alt?“

Petrus schaut in seine Unterlagen: „Also, nach den Stunden, die du deinen Kunden berechnet hast, bist du schon 94!“

# 21. März

Der Religionslehrer fragt die Kinder nach Eigenschaften, die Gott hat. Diese zählen auf:
„Er ist gütig.“ – „Er ist allmächtig.“ – „Er weiß alles.“ – „... und er ist sehr dreckig.“
Der Lehrer staunt: „Gott ist dreckig? Jule, wie kommst du denn auf solch einen Unsinn?“ Jule antwortet: „Na, jeden Morgen, wenn mein Vater aufsteht, hämmert er gegen die Badezimmertür und ruft: ‚Mein Gott, bist du immer noch da drin?‘“

# 22. März

Unterhalten sich ein Protestant und ein katholischer Pfarrer: „Müssen denn die Kirchen so reich sein und sich immer um Steuern und Spenden kümmern? Sollte nicht die Kirche hinter dem Seelenheil her sein und nicht hinter dem schnöden Mammon? Gott hat uns doch die Gute Nachricht geschenkt und nicht verkauft." Da nickt der Pfarrer verständnisvoll: „Sie haben schon Recht, mein Lieber, aber der Zwischenhandel will halt auch von irgendwas leben."

# 23. März

Hubertus hat über der Tür seines Hauses ein Hufeisen angebracht, das nach einem alten Volksglauben Glück bringen soll. Der Pfarrer spricht ihn darauf an: „Aber, Hubertus, du bist doch nicht etwa abergläubig?“
„Nein, natürlich nicht, aber man sagt doch, dass es auch dann hilft, wenn man nicht daran glaubt.“

# 24. März

Die Studenten des Bonner Professors für evangelische Theologie Hans Joachim Iwand (1899-1960) klassifizierten seine Vorlesungen in folgende Kategorien:

1. Vorbereitet, aber nicht inspiriert = brauchbar
2. Inspiriert, aber nicht vorbereitet = interessant
3. Vorbereitet und inspiriert = ausgezeichnet
4. Unvorbereitet und uninspiriert = schlecht.

# 25. März

Der Katechet erzählt den Kindern, wie Maria das Jesuskind empfangen hat: „Maria saß in ihrer Stube, da tut sich plötzlich die Tür auf, und herein tritt mit zwei langen weißen Flügeln …“ „Ich weiß schon, ich weiß schon“, meldet sich Klein-Anne, „der Klapperstorch!“

# 26. März

Ein Pfarrer sagt zur Haushälterin: „Bei aller Liebe, aber dieses Steak ist ungenießbar, so hart ist es!" – Die Haushälterin gibt zurück: „1945, nach dem Kriege, wärn Se froh gewesen, wenn Sie's gehabt hätten." „Ja, ja", sagt der Pfarrer, „da war's ja auch noch frisch!!"

# 27. März

Die Frau eines reich gewordenen Unternehmers geht das erste Mal in ein Waisenhaus, um eine Spende zu bringen. Sie hält eine lange Rede und stellt den Mitarbeitern und Kindern alle möglichen Fragen. Nach einiger Zeit wendet sich die Leiterin an die Frau: „Sie sind wohl das erste Mal in einem Waisenhaus? Ich will Ihnen sagen, wie man so etwas macht. Sie setzen sich hin, lesen etwas Kurzes aus der Bibel, überreichen Ihre Spende und verschwinden wieder."

# 28. März

Ein Baptist und ein evangelischer Pfarrer streiten sich. „Bei uns genügt es, wenn der Täufling mit Wasser auf dem Kopf getauft wird." „Nein, wir verlangen, dass der ganze Körper ins Wasser getaucht wird", meint der Baptist. „Aber genügt es nicht, dass der Täufling bis zu den Knien im Wasser steht?", fragt der Pastor nach. „Nein!" – „Und bis zum Hals?" „Nein!" – „Und bis zur Stirn?" „Nein!" – „Na also, ich habe doch schon am Anfang gesagt, dass es nur auf den oberen Teil ankommt!!!"

# 29. März

Franz hat eine Fünf im Religionsunterricht. Er betet am Abend: „Lieber Gott, mach bitte aus mir einen schlauen Jungen. Der Lehrer schafft es ja doch nicht."

# 30. März

Fritzchen fliegt zum ersten Mal in seinem Leben. Als das Flugzeug über den Wolken ist, fragt er plötzlich: „Mutti, weiß der liebe Gott eigentlich, dass wir kommen?“

# 31. März

„Wo hat Ihre Tochter eigentlich Klavier spielen gelernt?“ – „Bei ihrem Religionslehrer.“ – „So, der muss aber ein frommer und bibeltreuer Mensch sein.“ – „Wieso?“ – „Nun, ihre rechte weiß nicht, was die linke tut.“

# 1. April

Im Religionsunterricht wird kurz vor Palmsonntag ein Bild von Jesus gezeigt, wie er in Jerusalem einreitet. Da hört man aus dem Hintergrund eine zarte Stimme: „Och, der ist aber seit Weihnachten gewachsen!“

# 2. April

Der Lehrer in der Religionsstunde: „Es ist eure Pflicht, in jeder Woche mindestens einen Menschen glücklich zu machen. Hast du das getan, Michael?"
Michael: „Jawohl, Herr Meyer."
„Gut, mein Junge, was hast du denn getan?"
Michael: „Ich habe meine Tante besucht, und sie war glücklich, als ich wieder nach Hause ging!"

# 3. April

Ein Pfarrer kommt aus Tschechien zurück und hat zwei Flaschen Becherovka mitgebracht. An der Grenze packt ihn das schlechte Gewissen. Lügen will und darf er nicht. Kurzerhand klemmt er sich je eine Flasche unter die Arme. Bei der Kontrolle fragt ihn der Zöllner: „Hochwürden, haben Sie in Tschechien etwas eingekauft?" – „Ja, mein Sohn", erwidert er ehrlich, „aber ich habe alles unter den Armen verteilt."

# 4. April

In seinem Aufklärungsgespräch über die Gefahren des Alkohols erklärt der Kaplan der Religionsklasse, dass Tiere von sich aus den Alkohol meiden, ein Beispiel für die Menschen.
„Wenn ich also einem durstigen Ochsen einen Eimer Wasser und einen Eimer Bier hinstelle, was meinst du, Richard, wird er trinken?“ „Wasser“, antwortet dieser. „Ganz richtig, Richard, und warum?“ „Weil er eben Ochse ist“, ruft einer aus der Klasse.

# 5. April

In der Kirche kniet ein Mann, der vor Gott seinem Herzen Luft macht. Am Ende seines langen Gebetes sagt er: „Mein Gott, wir sind doch hier aber zu zweit, warum rede da immer nur ich?“ „Vielleicht deshalb, weil von uns beiden nur ich zuhöre“, antwortete ihm Gott.

# 6. April

Ein Philosoph und ein Theologe streiten sich darum, welcher der beiden von ihnen vertretenen Disziplinen der höhere Rang zukomme. Meint der Theologe: „Philosophie ist, als ob jemand in einem dunklen Raum mit verbundenen Augen eine schwarze Katze sucht, die es gar nicht gibt." Darauf antwortet der Philosoph: „Theologie ist, als ob jemand in einem dunklen Raum ebenfalls mit verbundenen Augen eine schwarze Katze sucht, die gar nicht da ist, und plötzlich ruft: „Ich hab sie!"

# 7. April

Ein Mann im Himmel ist das ewige Harfespiel leid, und er bekommt von Petrus einen Tag Urlaub. Er besichtigt die Hölle. Dort findet er Wein, Weib und Gesang, also alles vom Feinsten. Er bittet den Teufel gleich um Asyl, welches ihm auch gewährt wird. Da kommen zwei kleine Hilfsteufel und stecken ihn in einen Topf mit siedendem Öl. Auf seine lautstarken Proteste antwortet der Teufel:
„Das hättest du doch wissen müssen …
es ist ein Unterschied, ob man als Tourist kommt, oder als Asylant …“

# 8. April

Ein Pfarrer wurde von einer emanzipatorischen jungen Dame provoziert, die behauptete, dass doch schon die Tatsache, dass gerade Frauen als erste am leeren Grab von der Auferstehung erfahren hätten, ein Beweis sei, dass die Frau eine besondere Berufung habe. Der Pfarrer meinte darauf: „Natürlich, wollte Gott doch, dass die Nachricht möglichst schnell unter die Leute käme!"

# 9. April

Die kleine Anna begleitet ihre Mutter beim Einkaufen. Trotz mehrfacher Ermahnung hopst und turnt sie herum. Es kam, wie es kommen muss: sie stürzt, und es fließen Tränen.
„Siehst du“, sagt die Mutter, „die kleinen Sünden bestraft der liebe Gott sofort.“
Darauf Anna empört: „Deswegen muss er ja nicht gleich so schubsen!“

# 10. April

Im Religionsunterricht kommt das alte Wort Epistel (gr. Lesung) vor. Der Lehrer fragt: „Na, wer weiß, was Episteln sind?“ – Klein Fritzchen wie aus der Pistole: „Das sind die Frauen von den Aposteln!“

# 11. April

Nach einem schweren Unfall erwacht der Mann aus dem Koma. „Bin ich im Himmel?“, flüstert er matt.
„Nein“, antwortet seine Frau und streicht ihm beruhigend über den Kopf, „ich bin noch da.“

# 12. April

Ein bekannter bekennender Atheist kehrt in einer eleganten Gesellschaft stolz seinen Unglauben heraus und wettert gegen die Kirche und gegen die Christen. Da sagt ein bescheidener Besucher: „Wichtig ist nicht die Frage, ob Sie an Gott glauben." „Welche denn?" „Ob Gott an Sie glaubt."

# 13. April

Beim Frühstück sagt die Haushälterin zum Kaplan: „Sieht nach Regen aus." Darauf der Kaplan: „Ja, aber man merkt, dass es Kaffee sein soll."

# 14. April

„Wie waren die Posaunen von Jericho gestimmt?"
„In d-Moll."
„Wieso?"
„Na, die haben doch alles de-moll-iert!"

# 15. April

Bei Gemeindeexerzitien erheitert der Pfarrer ungewollt die andächtig versammelte Gemeinde mit den Worten: „Nun lasst uns in der Stille und mit lautem Herzen beten."

# 16. April

Am Ufer des Sees Genezaret möchte ein Pilger vom Bootsbesitzer wissen, wie teuer eine Fahrt auf dem See sei. „50 Dollar!“ „Das ist ja eine Unverschämtheit!“, regt sich der Pilger auf. „Bedenken Sie“, erwidert der Bootsführer, „dass Jesus hier zu Fuß über das Wasser gewandelt ist.“ „Kein Wunder! Bei den Preisen.“

# 17. April

Eines Tages vertraut der Klassenlehrer dem Pfarrer an, dass die Kinder heute wenig gelernt haben. „Stellen Sie sich vor, ich habe gefragt, wer die vier Evangelisten sind. Und ein Junge hat geantwortet: „Josef und Nepomuk!"
– Darauf erwidert der Pfarrer: „Seien Sie doch froh, dass er wenigstens zwei gewusst hat!"

# 18. April

Eine Fähre gerät in Seenot. Die Passagiere müssen in die Rettungsboote, unter ihnen auch ein Pfarrer. Die Wellen schlagen hoch und der Pfarrer fängt laut an zu beten. Nach und nach fallen alle Passagiere ein und legen alle möglichen Gelübde ab, falls sie gerettet werden. Nur ein alter Mann schaut gleichmütig ins Wasser. Da ruft der Pfarrer: „Wie kommt es, dass Sie bei dem Sturm so gelassen bleiben können?"
„Wenn das Boot sinkt", antwortete der Mann, „dann sinken wir alle mit; wenn ihr aber erreicht, dass wir gerettet werden, dann werde ich mit gerettet."

# 19. April

„Tut mir leid", sagt Petrus zu dem Enddreißiger, „aber du musst schon eine gute Tat vorweisen, sonst kann ich dich hier leider nicht reinlassen." Nach kurzem Überlegen sagt der Mann: „Ich habe beobachtet, wie einer aus einer Gruppe Rocker einer alten Dame die Einkaufstasche weggenommen hat. Da bin ich hingegangen, hab ihn am Kragen genommen, die Tasche wiedergeholt und hab ihm gesagt, dass er ein gemeiner Räuber ist." „Das ist ja eine sehr gute Tat. Und wie lange ist das ungefähr her?"
„Etwa drei Minuten."

## 20. April

Hängt ein Mann neben die Eingangstür seiner Wohnung eine Anzeige: „Verkaufe Gitarre."
Kurze Zeit später hängt neben der Tür des Nachbarn ein Schild:
„Gott sei Dank!"

# 21. April

Der Pfarrer, ein leidenschaftlicher Kaffeetrinker, ist in Gedanken noch ganz bei seinem Sonntagsfrühstück, und so erzählt er in seiner Predigt: „Der heutige Tagesheilige ist Konrad von Parzham. Er war Mönch im Cappucinoorden."

# 22. April

Der hohe Kirchtum von St. Florian kann neuerdings per Fahrstuhl erklommen werden. Ein schwergewichtiger Mann fragt den Messner, der den Fahrstuhl bedient: „Wenn das Kabel des Fahrstuhles reißt, fallen wir dann nach unten oder nach oben?" „Lieber Herr", antwortet ihm der Messner, „das kommt darauf an, was für ein Leben Sie bis jetzt geführt haben."

# 23. April

Kommt ein Junge zur Beichte und bekennt: „Am Freitag habe ich Fleisch gegessen."
„Und was noch?", fragt der Priester.
„Noch Bratkartoffeln und Kompott."

# 24. April

Während des Kindergottesdienstes bemerkt der Pfarrer, dass das Mikrofon nicht funktioniert. „Mit dem Mikrofon stimmt etwas nicht“, sagt er. Brav antworten die Kinder: „Und mit deinem Geiste.“

# 25. April

Eine Nachbarin zur andern: „Mein Sohn meditiert neuerdings. Ich weiß zwar nicht, was das ist, aber es ist auf alle Fälle besser als früher, wo er nur rumsaß, ohne was zu tun."

# 26. April

Ein Pfarrer mit weißem Kragen kommt im Flughafen an den Zoll und will ganz selbstverständlich durchgehen. Der Zollbeamte stoppt ihn und nimmt seinen Koffer zur Kontrolle. „Zöllner", meint der Pfarrer verächtlich. Der Koffer wird geöffnet: Er ist voller Zigaretten und Cognac. „Pharisäer", gibt der Zollbeamte zurück.

# 27. April

Die 80-jährige Erna geht zur Beichte: „Damals vor 62 Jahren, da hab' ich mich mit dem Otto heimlich geküsst." „Aber Erna, das ist doch so lange her und schon vergeben, die Absolution hast du doch auch schon dafür bekommen." „Ach, es ist mir nicht um die Absolution, ich erinnere mich bloß so gerne daran."

# 28. April

Im Religionsunterricht wird über den Unterschied zwischen Mensch und Tier gesprochen.
„Der Mensch hat eine Geistseele", erklärt der Lehrer, „er kann zum Beispiel sprechen."
Daraufhin fragt Holger interessiert: „Wenn der Affe sagen könnte: ‚Ich bin ein Affe', wäre er dann schon ein Mensch?"

# 29. April

Das Baby schreit bei der Taufe so anhaltend und laut, dass man kaum ein Wort von dem, was der Pfarrer sagt, versteht. Der Mutter gelingt es nicht, das Kind einigermaßen zu beruhigen. So wendet sie sich an ihren Mann: „Heinz, so tu du doch was, es ist ja zur Hälfte auch dein Kind!" Doch der ist mit seiner Filmkamera beschäftigt und meint: „Meine Hälfte darf in der Kirche schreien."

# 30. April

Ein Theologieprofessor muss sein Diktat unterbrechen, denn in der Hauskapelle warten die Ordensschwestern auf die sonntagnachmittägliche Andacht. Als er dann vor dem Altar kniet und betet, geht bald ein Schmunzeln durch die Reihen. Es hört sich nämlich so an: „Allmächtiger Komma ewiger Gott Semikolon, Herr Komma himmlischer Vater Ausrufezeichen. Sieh an mit den Augen deiner Barmherzigkeit den Jammer der Menschen Komma ihr Elend und ihre Not Punkt.

# 1. Mai

Ein leidenschaftlicher Fußballer will seinen Pfarrer necken und fragt ihn, ob im Himmel auch Fußball gespielt wird. Der Pfarrer verspricht, sich danach zu erkundigen. Nach einer Woche treffen sie sich wieder. Auf die Frage, ober der Pfarrer schon Näheres weiß, antwortet dieser: „Ich habe eine gute und eine schlechte Nachricht: Die Gute: Im Himmel wird Fußball gespielt!
Die Schlechte: Du bist nächsten Samstag schon aufgestellt …“

# 2. Mai

Der Pfarrer stochert wie besessen auf seinem Teller herum. Da fragt die Haushälterin besorgt: „Was machen Sie denn da?“ – „Schnitzeljagd!“

# 3. Mai

„Was muss man vor dem Beichten tun?“, fragt der Pfarrer die Religionsklasse. Fritzchen weiß es: „Vor dem Beichten muss man sündigen.“

# 4. Mai

„Papa, wie heißt die Schwiegermutter von Adam?“, fragt der Achtjährige seinen Vater. Der Vater antwortet: „Kind, lass es mich so ausdrücken: Adam hatte keine Schwiegermutter. Er lebte im Paradies.“

# 5. Mai

Franzi und Hansi bestaunen das Wunderwerk der neuen Kirchenorgel. Wozu sind denn die schwarzen Tasten da?“, möchte Franzi gerne wissen. „Ist doch klar“, gibt Hansi zu verstehen, „die sind für die Begräbnislieder.“

# 6. Mai

Beim Setzen der Rundfunkprogrammvorschau zog ein Setzer versehentlich zwei Meldungen zusammen. So konnte man lesen: „10.35 Uhr: Wettervorhersage des amtlichen Wetterdienstes. Aber Gott weiß es besser! Kirchlicher Vortrag."

# 7. Mai

Janis geht noch in den Kindergarten. Sie mag den Kaplan besonders gern. Eines Tages vertraut sie ihm an: „Wenn ich einmal groß bin und ein Kind bekomme, werde ich es auch Kaplan nennen."

# 8. Mai

Itzig ist glücklicher Vater von vier Kindern. Aber eines Tages kommt ihm ein fürchterlicher Verdacht: „Hör mal, Lea, ich glaub, der Motel is nicht von mir!" „Wie konnst du nur so wos behaupten?", entrüstet sich die Frau, „gerade der Motel ist von dir!"

# 9. Mai

Zwei Pfarrer unterhalten sich:
„Mensch, hatte ich heute einen anstrengenden Tag: 2 Beerdigungen, 2 Einäscherungen und noch eine Kompostierung!“
„Wieso Kompostierung?“
„Na ja, die Grünen werden auch mal älter!“

# 10. Mai

Im Himmel gibt es für die verstorbenen Ehemänner zwei Türen: links „Für Pantoffelhelden“, rechts „Für richtige Männer“. Die rechte Tür ist schon ganz rostig, weil sie kaum benutzt worden ist. Eines Morgens steht doch tatsächlich ein Mann vor dieser Tür. „Hör mal“, ruft Petrus, „du willst mir doch nicht weismachen, dass du der einzige Mann bist, der nicht gemacht hat, was seine Frau sagt. Bist du sicher, dass du hier richtig stehst?“
„Ja, ich wollte zuerst auch auf die andere Seite, aber meine Frau hat gesagt: ‚Du stellst dich hier an!‘“

# 11. Mai

Max und Timm haben im Pfarrgarten Nüsse geklaut. Um nicht erwischt zu werden, verstecken sie sich in der Leichenhalle vom Friedhof. Dabei verlieren sie zwei Nüsse vor der Tür. Drinnen teilen sie ihre Beute auf: „Eine für dich, eine für mich, eine für dich, eine für mich …“, murmeln sie. Der Küster hört dies und stürzt zum Pfarrer: „Herr Pfarrer, kommen Sie schnell. In der Leichenhalle handelt Gott mit dem Teufel die Seelen aus.“ Der Pfarrer will das nicht glauben, und lauschen beide an der nur angelehnten Tür. „Eine für dich, eine für mich. So, das waren alle, jetzt holen wir uns noch die beiden vor der Tür!“

# 12. Mai

Eine Frau betritt die Buchhandlung. „Ich suche ein Buch für einen Kranken." – „Etwas Religiöses?" – „Nein, nein, so schlimm ist es noch nicht!"

# 13. Mai

Vor der Kollekte sagt der Pfarrer zur Gemeinde: „Knöpfe habe ich mittlerweile genug. Wenn ich deshalb heute um Nadel und Zwirn bitten darf …“

# 14. Mai

Der junge Dr. Goldbaum hat eine Klinik im armen jüdischen Viertel des Städtchens eröffnet. Eines Tages wird er zu einem sehr armen Mann gerufen, der in einer alten, halb zerfallenen Hütte lebt. Der Arzt untersucht ihn und hat Mitleid. Er stellt eine Flasche Medizin auf den Schemel und legt 10 Gulden dazu. Nach einer Woche klingelt es an der Praxis, und der alte Mann steht vor der Tür: „Ich wollte mich bei Ihnen bedanken, Herr Doktor. Auf Grund Ihrer großziegigen Spende konnt ich mir jetzt endlich einen Spezialisten kommen lossen."

# 15. Mai

Eine Lehrerin zeigt den Kindern ein Bild, wie Gott vor Erschaffung der Welt einsam über den Wassern schwebt (Gen 1,2). Damals, erklärt sie, hat es noch kein lebendes Wesen, weder Mensch noch Vieh, gegeben, nur Gott allein war immer schon da. „Wirklich?“, fragt der kleine Jan. „Und wer, meinen Sie, hat das Bild gemalt?“

# 16. Mai

Ein junger Mann will ein keusches junges katholisches Mädchen küssen. „Das darfst du doch nicht tun.“ „Doch, bei Gott, ich muss es tun“, seufzt er. „Nun, wenn du es gelobt hast, dann musst du es tun“, sagt das verliebte Mädchen, „aber lass es nicht zur Gewohnheit werden.“

# 17. Mai

Bei der Flurprozession kommt der Pfarrer mit dem Weihwasserwedel an einem kümmerlichen Acker vorbei: Da dürfn's einen recht scharfen Segen drüber sprechen, das is der Acker vom Volmer Bauern!", flüsterte ihm der Küster zu. „Segen? Da gehört Mist drauf!", brummt der Geistliche.

# 18. Mai

Was sagte Gott, als er das Ruhrgebiet erschuf? Essen ist fertig!

# 19. Mai

Einer meint: „Die Frauen, sie sind verschieden!“ Darauf seufzt ein anderer: „Meine leider noch nicht.“

# 20. Mai

Der Lehrer versucht, den Kindern den Begriff Barmherzigkeit zu erklären. „Passt mal auf", sagt er, „wenn ein Fuhrmann im Heiligen Land, von dem ich euch eben erzählt habe, auf einen Esel einschlägt und ich hindere ihn daran, was ist das dann für eine Tugend?" „Das ist Bruderliebe, Herr Lehrer!"

# 21. Mai

Pfarrer James Henderson aus Kingstown in England erhielt einen Brief mit folgendem Wortlaut: „Mit Vergnügen werde ich der Kirche einen Betrag von 100 Pfund stiften, wenn Sie nicht mehr Pfarrer sind."
Der Geistliche hob dieses Schreiben sorgsam auf und übergab es, als er mit 78 Jahren in den Ruhestand trat, seinem Nachfolger.

# 22. Mai

Im zehnten Schuljahr fragt die Lehrerin die Schüler, wie der Papst hieß, der das Zweite Vatikanische Konzil einberufen hat. Ein Mädchen meldet sich schüchtern: „Johannes?" „Das ist richtig, aber da kommt noch was dahinter", forscht die Lehrerin weiter. „Zwei Kreuzchen und drei Striche." „Richtig! Was hat das zu bedeuten?" Peter, Sohn eines Schankwirts, meldet sich: „Zwei Klare und drei Pils."

# 23. Mai

Nach der ersten Religionsstunde fragt die Mutter ihren Sohn: „Na, was hast du denn heute gelernt?"
„Alles Mögliche, aber nicht genug. Die wollen, dass ich nächste Woche wiederkomme."

# 24. Mai

Ein alter Theologieprofessor: „Drei Dinge kann ich mir nicht merken: Namen, Zahlen und … eh, eh … das Dritte hab ich jetzt vergessen."

# 25. Mai

Die Katechetin erklärt den Kindern am Beginn der ersten Religionsstunde: „Kinder, wenn ihr spürt, dass ihr zur Toilette gehen müsst, braucht ihr einfach nur die Hand zu heben."
Ungläubig bemerkt Karli: „Und Sie meinen, das hilft?"

# 26. Mai

Im Kloster ist ein Mönch schwer erkrankt. Der herbeigerufene Arzt untersucht ihn und meint dann zum Abt: „Es ist Gott sei Dank nichts Ernstes. In einer Woche haben wir ihn wieder auf den Knien."

# 27. Mai

In seiner Predigt am Pfingstfest schildert Pfarrer Krause, wie der Heilige Geist sich als feurige Zunge auf den Köpfen der Apostel niederließ. Da flüstert Hans dem Emil zu: „Jetzt weiß ich, warum die Mönche Tonsuren tragen."

# 28. Mai

Eine Frau fragt kurz vor der Operation den Pfarrer, ob sie sich eine Betäubung geben lassen solle. Der gibt zur Antwort, sie möge ganz dem Rat ihres Arztes vertrauen. Ein Pfarrkollege tritt hinzu und meint, dass dies nicht recht sei und man das tragen solle, was der Herr schicke! Als die beiden Geistlichen das Haus verlassen, gießt es in Strömen. Der erste spannt seinen Schirm auf. Als sein unbeschirmter Mitbruder mit darunterschlüpfen will, meint der erste: „Aber, Herr Konfrater, was der Herr schickt, muss man ertragen!“, und lässt ihn im Regen stehen.

# 29. Mai

„Wie machst du das eigentlich, dass du immer im Lotto gewinnst?“, fragt Friedrich seinen besten Kumpel.
„Ich schreibe mir am Sonntag in der Messe immer die Zahlen vom Liedanzeiger auf, und das klappt eigentlich immer.“ Friedrich probiert das auch aus. Nach zwei Wochen treffen sie sich wieder, aber Friedrich ist enttäuscht: „Alles Quatsch, nicht ein Treffer!“ Da fragt der Kumpel: „In welcher Kirche warst du denn?“ „In Sankt Josef.“ „Ja, das ist natürlich falsch. Du musst nach Sankt Martin gehen. In Sankt Josef ist Rennquintett!“

# 30. Mai

Der Pfarrer fragt die kleine Monika nach der Religionsstunde: „Wie belohnt dich deine Mutti, wenn du die ganze Woche brav gewesen bist?" Treuherzig erwidert diese: „Dann brauche ich am Sonntag nicht in die Messe zu gehen."

# 31. Mai

Ein Mann liegt auf der Straße. Die Leute denken, er stirbt, und holen den Pfarrer.
Fragt der: „Willst du die Letzte Ölung, mein Sohn?“ Lallt der Mann: „Nein, jetzt nur nichts Fettiges!“

# 1. Juni

Ein Kaplan aus der Stadt wird in ein oberbayerisches Dorf versetzt. Als er zum ersten Mal Beichte hört, bekennt ihm ein Bauer, dass er ein Reh gewildert habe. Auf solche Probleme nicht vorbereitet, bittet der Kaplan den Sünder, einen Augenblick zu warten. Er geht zum Pfarrer und fragt: „Was geben Sie für ein gewildertes Reh?" „Höchstens zwanzig Mark, die Burschen werden sonst habgierig."

# 2. Juni

Der Oberministrant führt seine Ministrantengruppe in den Zoo. Am Affenkäfig beobachten sie das muntere Treiben der Affenhorde, die eine reichliche Obstmahlzeit genießt.
Meint der Oberministrant: „Denen geht's gut. Wenn ich noch mal auf die Welt komme, dann möglichst auch als so ein Affe."
Meint der vorlaute Martin: „Muss es denn immer dasselbe sein?"

# 3. Juni

Die Geschichte von Noach und der Arche war eindrucksvoll erzählt worden. „Und der liebe Gott, wie wurde denn der gerettet?“, will die kleine Luise wissen. „Bist du doof!“, erwidert ihr Klemens, „der konnte doch schwimmen.“

# 4. Juni

Am Ende der Erstkommunionstunde fragt Astrid den Kaplan: „Bitte, können Sie mir sagen, was wir heute im Unterricht von Ihnen gelernt haben? Heute Abend fragt Vati wieder danach, und ich weiß es nicht."

# 5. Juni

Im Kindergarten stellt die vierjährige Anna fest, dass ein Knopf am Bettlaken fehlt: „Frau Müller, hier fehlt ein Knopf am Laken, das Knopfloch ist aber noch da.“

# 6. Juni

Die Pfarrhaushälterin kommt aus der Küche. „Es sind schon wieder so viele Kartoffeln übriggeblieben. Kaufen wir nun die Sau, oder beantragen wir einen Kaplan?“

# 7. Juni

Ein Pastor und ein Hippie sitzen im Park auf einer Bank. Der Hippie liest in der Bibel und ruft laut: „Halleluja". Daraufhin fragt ihn der Pastor, was denn sei. „Oh, ist es nicht wunderbar, wie Gott Moses und das Volk Israel durch das Meer führte?", antwortet der Hippie. Der Pastor erklärt ihm, dass damals an dieser Stelle das Meer nur etwa 40 cm tief gewesen sei und das Volk durchwatete. Fünf Minuten später ruft der Hippie noch lauter: „Halleluja". „Was ist denn nun?", fragt der Pastor. Der Hippie: „Aber das ist doch ein Wunder! In nur 40 cm tiefem Wasser ertränkte Gott eine ganze Armee."

# 8. Juni

„Fritzchen, gib doch zu, dass du die Vase zerschlagen hast! Denn wer das zugibt, dem ist die Hälfte schon verziehen!“
„Herr Pfarrer, kann ich es auch zweimal zugeben?“

# 9. Juni

Ein Pfarrer findet vor der städtischen Brauerei einen Betrunkenen liegen. Er tritt heran und fragt mitleidig: „Sie liegen wohl hier Reklame?“

# 10. Juni

Fragt die Katechetin: „Von wem können wir sagen, dass er alles sieht, hört und weiß?"
„Von unserem Nachbarn!"

# 11. Juni

„Ja, lieber Gott", betet Gerhard, „bis jetzt habe ich mich heute sehr gut aufgeführt. Ich habe über niemanden getratscht und habe immer die Fassung bewahrt. Ich war zu keinem Menschen grob oder gemein, ich war absolut nicht egoistisch. Da bin ich wirklich froh. Aber in ein paar Minuten, Gott, brauche ich wirklich deine Hilfe, weil: dann stehe ich auf und mache Frühstück …"

# 12. Juni

In einer theologischen Vorlesung widerlegt der Professor verschiedene ketzerische Ansichten und schließt empathisch: „Der Gott, den ich anbete, ist ein einziger Gott, jedoch in drei Personen …" Da hört man aus dem Hintergrund des Saals die Stimme eines übermütigen Seminaristen: „Aber so was! Meiner auch! Das muss derselbe sein …"

# 13. Juni

Im Religionsunterricht: „Eberhard-Dieter, kannst du mir vielleicht sagen, wie der Schutzpatron der Glöckner heißt?"
„Aber klar kann ich das, Herr Lehrer. Der olle Typ heißt heiliger Bimbam!"

# 14. Juni

Thema des Schulaufsatzes: „Wie verbrachte ich den gestrigen Sonntag?" Der kleine Norbert schreibt: „… nach dem Evangelium war die Predigt, welche unser Pfarrer Martin hielt. Auch das Wetter war ziemlich neblig und trocken."

# 15. Juni

Der Pfarrer erklärt im Religionsunterricht: „Manche Gebote Gottes gelten für ganz bestimmte Leute. Wer kann mir ein Beispiel nennen?“ Gert weiß eines: „Das achte Gebot gilt hauptsächlich für die Lehrer, denn da heißt es: Du sollst kein falsches Zeugnis geben!“

# 16. Juni

Während der Religionsstunde ist Fridolin eingeschlafen. Ärgerlich rüttelt ihn der Kaplan wach: „Weißt du, was du bist?" – „Ja, ein aufgeweckter Junge!"

# 17. Juni

„Mein Vater hat mir zehn Mark versprochen, wenn ich in Religion eine Eins bekomme“, erzählt Fritzchen dem Pfarrer. „Na, dann streng dich mal an“, meint der Pfarrer zu ihm. „Ich hätte da einen besseren Vorschlag“, meint Fritzchen, „Sie geben mir eine Eins, und dann teilen wir.“

# 18. Juni

Zwei Freunde streiten sich. „Du Rindvieh!", entfährt es dem einen. „Vielleicht bin ich wirklich ein Rindvieh", gibt der andere zu, „nur fragt es sich: bin ich es, weil ich dein Freund bin oder bin ich dein Freund, weil ich ein Rindvieh bin?"

# 19. Juni

Amalia macht sich zur Beichte fertig. Sie toupiert ihr Haar, schminkt sich ein wenig und denkt über ihre Sünden nach. Im Beichtstuhl erzählt die 76-jährige Dame dann ihre Sünden: „Manchmal, Herr Pfarrer , stehe ich vor dem Spiegel und sage mir: ‚Amalia, du siehst für dein Alter noch recht gut aus. Ja, richtig hübsch bist du noch. Eigentlich könntest du sogar noch einen Mann bekommen, so wie du dich immer zurecht machst.' Herr Pfarrer, ist das Eitelkeit?" Der Pfarrer schaut kurz durch das Gitter: „Das ist keine Eitelkeit, sondern ein Irrtum."

# 20. Juni

Ein Jesuit sitzt im Park, liest in seinem Brevier und raucht dabei. Ein Franziskaner wandelt betend vorbei und staunt über den Jesuiten. Sie diskutieren darüber, ob man beim Beten rauchen darf. Sie beschließen, ihre Oberen zu fragen. Später treffen sie sich wieder, der Jesuit sitzt auf der Bank, betet und raucht dabei. Der Franziskaner: „Mein Oberer hat gesagt, dass Beten eine heilige Handlung ist und man dabei nicht rauchen sollte." Der Jesuit: „Und ich habe meinen Oberen gefragt, ob man beim Rauchen beten darf. Er stimmte zu."

# 21. Juni

Predigt des jungen Priesters: „Und immer wenn ich einen Betrunkenen aus einer Kneipe kommen sehe, sage ich zu ihm: Du bist auf dem falschen Weg, kehre um!“

# 22. Juni

„Wenn ich Ihnen helfen soll, muss ich alles von Ihnen wissen“, sagt der Psychiater. „Bitte erzählen Sie, und fangen Sie bitte vorne an!“
Patient: „Am Anfang schuf ich Himmel und Erde …“

# 23. Juni

„Rebbe, Ihr seid doch allwissend“, wendet sich der Schüler an den Rabbi, „erklärt mir doch, warum ein Butterbrot immer auf die bestrichene Seite fällt.“ – „Ist das so? Wie kommst du darauf?“ – „Ich glaube, es ist ein festes Gesetz.“ Der Rabbi wirft ein bestrichenes Butterbrot hoch: Es fällt auf die unbestrichene Seite. „Siehst du, es ist Zufall.“ „Nejn, Rebbe, es is a Gesetz, Ihr hobt das Brot nur auf der falschen Seite bestrichen.“

# 24. Juni

Der Religionslehrer will die Kinder darauf aufmerksam machen, ein Abendgebet zu beten. Er fragt: „Fritz, was machst du vor dem Schlafengehen?"
„Ich putze mir die Zähne."
„Sehr brav, und was machst du, Hans?"
„Ich lese noch ein bisschen im Bett", antwortet Hans.
Der Lehrer versucht es auf andere Weise. Er fragt Peter: „Peter, was machen deine Eltern vor dem Schlafengehen?"
Darauf wird Peter rot und sagt: „Herr Lehrer, ich weiß es, und Sie wissen es, aber mal ehrlich: Ist das eine Frage für die erste Klasse?"

# 25. Juni

Wer war die erste Fußballmannschaft? „Jesus und seine Jünger, denn in der Bibel steht: Jesus stand im Tor von Nazaret und seine Jünger standen abseits.“

## 26. Juni

Bei der Beichte: „Herr Pfarrer, ich habe Ehebruch begangen!"
„Wie oft, mein Sohn?"
„Herr Pfarrer, ich möchte beichten, nicht prahlen."

# 27. Juni

Eine Gruppe von Wissenschaftlern geht zu Gott und sagt: „Gott, wir brauchen dich nicht mehr. Wir können jetzt Menschen klonen.
Gott sagt: „Sehr gut, wie wäre es denn mit einem Wettstreit? Wir messen uns im Menschen machen." Die Wissenschaftler sind erfreut: „Hervorragend. Lass uns gleich anfangen." Einer der Wissenschaftler bückt sich und hebt eine Handvoll Dreck auf. Gott schüttelt bedauernd sein Haupt: „Nein, nein, so nicht! Ihr müsst euch euren Dreck schon selber machen!"

# 28. Juni

Ein Mädchen aus gut katholischem Hause hat einen Freund, der nur einen Fehler hat: Er ist evangelisch. Die Mutter nimmt ihre Tochter beiseite: „Hör mal, wenn dein Freund dich heiraten will, dann muss er katholisch werden. Du musst ihm viel von unserer Kirche erzählen." Die Tochter verspricht das. Dann kommt sie eines Abends tränenüberströmt nach Hause. „Was ist los?", fragt die Mutter. „Hat es nicht geklappt? Er will wohl nicht katholisch werden?" „Im Gegenteil! Viel schlimmer: Jetzt will er Priester werden!"

# 29. Juni

Bei der Sakramentenlehre im Religionsunterricht hat der Lehrer über das Ehesakrament gesprochen und überprüft nun, ob die Kinder alles richtig begriffen haben.
„Wer hat die Ehe eingesetzt?" – „Gott."
„Das stimmt. Und wo hat Gott die Ehe eingesetzt?" – „Im Paradies."
„Genau, und was hat Gott da gesagt?"
Nach kurzem Schweigen meldet sich Ursel: „Ich will Feindschaft setzen zwischen dir und dem Weibe."

# 30. Juni

Der Wanderzirkus macht im Dorf Station. Ein Artist geht Abends zur Beichte. Der Pfarrer fragt ihn danach, was er denn für ein Artist sei. Dieser macht ihm einige Kunststücke vor: Salto, Kopfstand ohne Hände, Rolle. Dann läuft er auf den Händen zum Beichtstuhl zurück. Der Pfarrer gibt ihm beeindruckt den Segen.
Aus der hinteren Ecke kommt die nicht ganz dünne Rosi aufgeregt zum Pfarrer: „Aber mir geben Sie bitte nicht so eine schwere Buße auf."

# 1. Juli

„Du hast ja einen Engel mit drei Flügeln gemalt!“, sagt der Lehrer überrascht zu Klaus. „Hast du schon mal einen dreiflügligen Engel gesehen?“ „Nein“, antwortet Klaus. „Aber haben Sie schon mal einen mit zwei Flügeln gesehen?“

# 2. Juli

Wenn man genau hinsieht, steckt in jedem Grashalm eine Predigt, hatte der Pastor in seiner letzten Sonntagspredigt gesagt. Als Ministrant Peter am nächsten Tag den Pastor beim Rasenmähen antrifft, meint er: „Ah, das ist gut, Herr Pastor, dass Sie Ihre Predigten kürzen!“

# 3. Juli

Sagt der Pfarrer zum Küster: „Keine Menschenseele in der Kirche, nicht mal der Organist. Wer spielt denn da?“ Sagt der Küster: „Bayern gegen Leverkusen …!“

# 4. Juli

Bei den Vermeldungen verkündete der Pfarrer: „In unsere Kirche wird eine neue Lautsprecheranlage eingebaut. Ein Gemeindemitglied hat sie im Andenken an seine verstorbene Frau gestiftet."

# 5. Juli

Die kleine Franziska erlebt das erste Mal eine Trauung. Sie ist beeindruckt von dem wunderschönen Brautkleid. Neugierig fragt sie ihre Mutter: „Du, Mutti, warum hat die Braut ein weißes Kleid an?“
Die Mutter antwortet: „Weil die Braut heute sehr glücklich ist und Weiß die Farbe der Freude ist.“
„Und warum ist dann der Anzug des Bräutigams schwarz?“

# 6. Juli

Die Predigt des Gastpfarrers ist sehr langweilig, und der Pfarrer findet kein Ende. Schließlich fällt ihm doch auf, dass die Gemeinde langsam unruhig wird. Deshalb fragt er einen Gottesdienstbesucher in der ersten Reihe, ob er eine Uhr dabei hätte.

„Nein", bedauert dieser, „aber in der Sakristei hängt ein Kalender."

# 7. Juli

Kohn philosophiert: „Es geht uns schon recht mies auf dieser Welt. Nu, dafir wird es uns im Jenseits um so besser gehn … Dos heißt, gelacht hätt ich, wenn sich herausstelln wirde, dos es dos gor nicht gibt, dos Jenseits!“

# 8. Juli

Ein Tourist liest auf einem schottischen Friedhof die Grabinschriften: Hier ruht Billy Gray, ein fleißiger Mensch und ein guter Vater. – „Typisch schottisch", murmelt der Tourist, „drei Mann in einem Grab!"

# 9. Juli

Der Religionslehrer rügt Renate: „Warum hast du gestern schon wieder gefehlt?
Renate kleinlaut: „Mein Opa ist gestorben und wurde gestern beerdigt."
„Schon wieder? Das hast du mir schon zwei Mal erzählt. Für wie dumm hältst du mich eigentlich?" Darauf Renate: „Das möchte ich lieber nicht sagen. Und außerdem kann ich nichts dafür, wenn meine Oma immer wieder heiratet."

# 10. Juli

Der Katechet fragt die Kinder, wer in den Himmel kommen möchte. Sofort fliegen alle Hände nach oben, nur Peters Hand bleibt unten.
„Peter, du willst nicht in den Himmel?“
„Nein! Meine Mutter hat mir befohlen, nach dem Unterricht sofort nach Hause zu kommen.“

# 11. Juli

Zwei Jungen prügeln sich nach dem Religionsunterricht auf dem Schulhof. Die neue Religionslehrerin sagt tadelnd zu dem größeren: „Schäm' dich! Hast du schon wieder vergessen, was wir eben behandelt haben? Liebe deinen Nächsten wie dich selbst!" „Das ist ja gar nicht mein Nächster", erwidert dieser, „das ist mein Bruder!"

# 12. Juli

Dem Präses einer evangelischen Landeskirche macht ein junger Pfarrer, der für seine schneidige Art im Umgang mit dem Auto bekannt ist, das Angebot, mit ihm den Heimweg zurückzulegen.
„Herzlichen Dank, lieber Bruder", wehrt der Präses ab, „offen gestanden, mit Ihnen fühle ich mich zu sehr in Gottes Hand!"

# 13. Juli

Die Gemeinde hat einen neuen Pfarrer, einen liebenswürdigen Mann, aber seine Predigten sind kaum zu ertragen. Jedes Wort fällt einzeln und mühsam aus seinem Munde.
Doch eines Sonntags zum Erstaunen der Gemeinde: Von der Kanzel herab fließt die Rede wie ein Wasserfall. Nachher in der Sakristei lobt ihn der Küster. „Nicht mein Verdienst“, wehrt der Pfarrer bescheiden ab. „Ich habe heute morgen nur versehentlich mein Gebiss mit dem der Haushälterin vertauscht.“

# 14. Juli

Ein Pfarrer hat in seiner Gemeinde schon viele Jahre gedient und möchte nun einem Jüngeren mit frischer Kraft und neuen Ideen Platz machen. Er spricht mit einem alten Bergbauern über seine Absicht, sich zur Ruhe zu setzen: „Weißt, Franzl", meint er schließlich, „man sagt ja, neue Besen kehren gut."
Der alte Mann denkt eine Weile nach. „Stimmt schon, Herr Pfarrer", sagt er dann, „neue Besen kehren gut. Aber der alte Besen weiß, wo der Dreck sitzt."

# 15. Juli

Was ist ein Kleingläubiger?
Jemand, der um Regen bittet und das Haus ohne Regenschirm verlässt.

# 16. Juli

„Großer Gott, hilf mir! Du erbarmst dich doch sonst iber gonz fremde Lait, for wos nit iber mich?“

# 17. Juli

Begeistert kommt der Sohn aus dem Bibelunterricht: „Mutti, ab heute reden wir nur noch mit Bibelworten untereinander!“ Die Mutter schmunzelt und ist einverstanden. Am nächsten Morgen weckt sie ihren Sohn: „Jüngling, ich sage dir: Steh auf!“ Worauf dieser antwortet: „Frau, meine Stunde ist noch nicht gekommen!“

# 18. Juli

Der Kaplan kommt in die Reparaturwerkstatt, um sein sehr betagtes Auto abzuholen: „Na, Meister, haben Sie sich den Wagen mal gründlich angesehen?“
„Hab' ich“, stöhnt der Meister. „An dem Karren gibt es nur ein Stück, was kein Geräusch macht – und das ist die Hupe!“

# 19. Juli

Herr und Frau Meier sitzen in der Kirche. Plötzlich stößt Frau Meier ihren Mann an und flüstert: „Der Herr vor uns schläft!“
Darauf Herr Meier vorwurfsvoll: „Aber deswegen brauchst du mich doch nicht zu wecken!“

# 20. Juli

„Das Thema der morgigen Abendveranstaltung heißt: ‚Die Hölle – was ist das?‘ Und wenn Sie früher kommen, hören Sie bereits die Probe unseres Chors …“

# 21. Juli

Ein Mann aus der Gemeinde fragt den Pfarrer, was er gegen Langeweile machen kann.

„Dagegen habe ich ein gutes Mittel“, sagt der Pfarrer und holt aus seinem Bücherschrank die Geschichten von Wilhelm Busch heraus: „Dabei wird Ihnen die Langeweile schon vergehen.“

Nach einiger Zeit bringt der Mann das Buch zurück. Als der Pfarrer fragt, wie es ihm gefallen habe, sagt der Bauer: „Gut hat's mir gefallen. Manchmal hätte ich fast lachen müssen, wenn ich nicht gewusst hätte, dass es Gottes heiliges Wort ist.“

# 22. Juli

Ein Kater steht an der Himmelspforte und sagt zu Petrus: „Lass mich ein und setze mich auf eine schöne Wolke mit Ausblick. Das ist mein größter Wunsch." Petrus erfüllt diesen Wunsch. Wenige Tage später kommen 5 Mäuse und klopfen an der Himmelspforte und sagen: „Lass uns ein! Wir möchten hier oben im Himmel Rollschuh laufen."

Am nächsten Tag läuft der Kater zu Petrus und sagt: „Du hast mir den größten Wunsch erfüllt. Ich darf auf einer Wolke schweben, aber noch viel schöner ist das Essen auf Rädern!"

# 23. Juli

Hannes erzählt seinem Freund: „Ich soll heute Nachmittag zur Beichte gehen. Aber mir fällt gar keine Sünde ein."
„Das ging mir auch schon so", erwidert Rolf, „da hab' ich meinem Vater fünf Euro geklaut. Da hab' ich 'ne Sünde gehabt und noch fünf Euro dazu."

# 24. Juli

Ein Prälat zeigt einem Mitbruder seine enorme Bibliothek. Fragt dieser: „Könnte ich mir da mal ein paar Bücher ausleihen?"
Darauf der Prälat: „Unter gar keinen Umständen, das sind alles geborgte Bücher!"

# 25. Juli

„Papi, wie hat Gott es geschafft, die Welt in sechs Tagen zu erschaffen?"
„Er war nicht auf Handwerker angewiesen!"

# 26. Juli

Die Männer, die mit den Frauen am besten auskommen, sind dieselben, die wissen, wie man ohne sie auskommt.

# 27. Juli

Friedrich wankt leicht angesäuselt von der Kirmes nach Hause. Als er über den Steg des Flüsschens gehen muss, schickt er ein Stroßgebet zum Himmel: „Herrgott, hilf mir, dass ich gut rüberkomme!"
Ein paar Schritte vom anderen Ufer entfernt murmelt er: „Na, es wäre wohl auch ohne den Herrgott gegangen." Aber just in diesem Moment rutscht er aus und fällt ins Waser. Als er mühsam wieder ans Ufer gekrochen ist, schaut er vorwurfsvoll Richtung Himmel: „Lieber Herrgott, du wirst doch wohl noch einen kleinen Spaß vertragen!"

# 28. Juli

In einem Kloster soll es früher verboten gewesen sein, bei Tisch für sich selber etwas Fehlendes zu reklamieren; das war das Amt des Tischnachbarn.
Da sah einmal ein Pater zu seinem Entsetzen eine tote Maus in seiner Suppe schwimmen. Was tun? Sich beschweren durfte er nicht, und sein Nachbar bemerkte es nicht. Und so winkte er den Bruder, der Tischdienst hatte, herbei und flüsterte ihm zu: „Mein Nachbar hat noch keine Maus in der Suppe!"

# 29. *Juli*

In einem italienischen Restaurant bestellt ein Monsignore ein Menü, bindet sich die Serviette aber auf den Rücken. Der Ober kommt und ist verwundert: „Aber Padre, warum haben Sie denn Ihre Serviette auf dem Rücken?“ – „Da drüben sitzen Deutsche, mein Sohn, und die essen Spaghetti!“

# 30. Juli

Als der Chef vormittags gegen zehn den Frisiersalon betritt, sieht er dort seinen Buchhalter sitzen.
„Wos, während der Arbeitszeit lassen Se sich de Haare schneiden?"
„Nu", meint der Buchhalter, „se sind mir doch och während der Arbeitszeit gewachsen!"

# 31. Juli

Willi kommt wieder einmal zu spät zur Erstkommunionstunde. „Kannst du nicht wenigstens grüßen, wenn du hereinkommst?", fragt ihn der Katechet.

„Mach ich gern", erklärt Willi, „aber von wem denn?"

# 1. August

„Na, wir werden uns wohl im Himmel nie begegnen, mein Sohn."
Mit diesen Worten will der Pfarrer das Gewissen eines „schweren Jungen" seiner Gemeinde wachrütteln.
„Wieso, Herr Pfarrer, was haben Sie denn verbrochen?"

# 2. August

Ein Talmudschüler fragt den andern: „For wos darf ejgentlich a frommer Jude nicht ohne Kopfbedeckung herumlaufen? In der Thora steht doch kein Wort davon!“
„Aber die Thora ist voll von indirekten Hinweisen“, meint der andere. „Da steht z. B.: ‚Jakob zog aus von Beer-Seba und reiste gen Haran.‘ Glaubst du im Ernst, dass ein frommer Jude wie Jakob so einen weiten Weg ohne Kopfbedeckung gegangen is?“

# 3. August

Bill Gates stirbt und darf sich aussuchen, ob er in den Himmel oder in die Hölle will. Ein Engel zeigt Bill zuerst die Hölle: Sonne, Strand, Meer …
„Wow!“, sagt Bill, „dann möchte ich erst 'mal den Himmel sehen!“
Dort sitzen alte Leute auf Parkbänken und füttern Tauben. „Da will ich lieber in die Hölle!“ Ein greller Blitz und Bill liegt, in Ketten gefesselt, inmitten heißer Lava. „Hey! wo ist denn der schöne Strand hin? Die Sonne? Das Meer?“ – „Tja“, antwortet der Teufel, „das war die Demo-Version!“

# 4. August

In der Religionsstunde sollen die Kinder ein Männlein mit einem Heiligenschein malen. Dieter verpasst einem Männlein einen grünen Heiligenschein. Der Kaplan will korrigieren und sagt: „Heiligenscheine sind doch gelb, aber nicht grün."
Fragt ihn Dieter: „Haben Sie denn schon mal einen Heiligenschein gesehen?"
Da ist der Kaplan mit seinem Latein am Ende.

# 5. August

Petrus fragt den Werbefachmann, der an der Himmelspforte Einlass begehrt: „So, welche Art von Werbung hast du denn betrieben?"
„Ich war Inhaber einer Firma, die Flugzeuge für Himmelsschreibung vermietet."
„Mach bloß, dass du fortkommst", poltert da Petrus los, „dann bist du also dieser Kerl, der uns dreißig Jahre lang die Wände beschmiert hat."

# 6. August

Der Pfarrer ist heute ein wenig unkonzentriert. Dies überträgt sich auf die Gemeinde, was wiederum den Pfarrer verärgert. Die von ihm gewünschte andächte Stimmung ist schließlich endgültig dahin, als dem Pfarrer beim „Lamm Gottes" auch noch ein Versprecher unterläuft: „Herr, ich erbarme mich deiner."

# 7. August

Der Pfarrer sieht, wie der kleine Moritz beglückt in das verglühende Rot am Abendhimmel schaut und sagt: „Das freut mich aber, dass du Gottes wunderbare Natur so bestaunst. Es ist ja auch wirklich ein herrlicher Sonnenuntergang."
Moritz erwidert: „Was heißt hier Sonnenuntergang, unsere Schule brennt."

# 8. August

Der Religionslehrer schildert den Kindern den Weltuntergang. „Sturm wird die Dächer von den Häusern reißen, dicke Hagelkörner werden die Fenster zerschlagen, die Flüsse und Bäche werden über die Ufer treten. Blitz und Donner werden über die Menschen hereinbrechen."
Fragt einer der Schüler: „Werden wir bei diesem Sauwetter auch Unterricht haben?"

# 9. August

Im Religionsunterricht. Fritzchen hat eine Frage: „Kann der liebe Gott einen ganz, ganz großen Stein machen, Herr Kaplan?"

„Natürlich kann er das."

„Und kann er den dann auch werfen?"

„Ja, na klar kann er das."

„Und kann der liebe Gott auch einen so großen Stein machen, dass er ihn nicht mehr werfen kann?"

# 10. August

Der Pastor tut sich schwer bei der Ausarbeitung seiner Predigt. Immer wieder streicht er ganze Passagen. Der Patorensohn beobachtet das eine Weile und sagt dann: „Du sagst doch immer, in der Predigt rede Gott zur Gemeinde. Warum streichst du dann die Hälfte?“

# 11. August

Zwei Juden begegnen sich bei einer Feier in der Wohnung eines gemeinsamen Bekannten. „Gestatten: Rabinowitsch!" „Rabinowitsch … Rabinowitsch? … Sogen Se, sind Se nicht so ein kleiner Dicker mit einem roten Spitzbart?"

# 12. August

Ein Vertreter von Coca-Cola kommt in den Vatikan und bietet eine Million Dollar, wenn das Vaterunser so geändert wird, dass es heißt „Unsere tägliche Coke gib uns heute".
Entrüstet lehnt der Sekretär ab. Der Vertreter erhöht auf fünf, dann auf zehn Millionen. Schließlich telefoniert er mit dem Vorstandsvorsitzenden des Konzerns und bietet einhundert Dollar.
Da greift auch der Vatikanbeamte ein und ruft den Papst an: „Hallo, Chef, wie lange läuft eigentlich unser Vertrag mit der Bäckerinnung noch?"

# 13. August

Der Pfarrer sitzt am Sonntag zum Frühschoppen im Wirtshaus und schaut griesgrämig vor sich hin. Fragt der Wirt: „Na, Herr Pfarrer, was ist denn mit Ihnen los?"
„Na soll man nicht grimmig sein, wenn man gleich früh einen Ehebruch gebeichtet bekommt?"
Kommt die hübsche Wirtin aus der Küche: „Gell, Herr Pfarrer, da waren Sie erstaunt, wie ich heute früh bei Ihnen beichten war?"

# 14. August

Ein Jude kommt in einen Buchladen: „Ich mechte Schillers Sämtliche Werke!“ „Welche Ausgabe?“, fragt die Verkäuferin. Der Jude nickt mit dem Kopf: „Recht habt Ihr, welche Ausgabe!“, und verlässt das Geschäft.

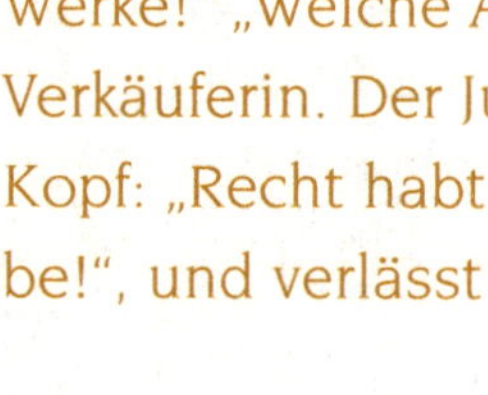

# 15. August

Ein Pfarrer beobachtet einen Dachdecker bei der Arbeit. Plötzlich rutscht dieser weg und schliddert über das steile Dach. „Halte dich an Gott fest, mein Sohn", ruft ihm der Geistliche zu. Darauf der Dachdecker: „Ich bin froh, wenn ich die Dachrinne noch erwische."

# 16. August

Michael ist kein großer Kirchgänger. Er hat so seine Probleme mit dem „Bodenpersonal Gottes". Doch Weihnachten ist eine Ausnahme. Besonders gern singt er das Lied „Lobt Gott, ihr Christen, alle gleich". Die letzte Strophe mag er am liebsten: „Heut schließt er wieder auf die Tür zum schönen Paradeis. Der Klerus steht nicht mehr dafür. Gott sei Lob, Ehr und Preis."

# 17. August

Ein Pfarrer, der gern jagte, versprach dem hl. Hubertus vor der Entenjagd, dass er die Hälfte der Enten für sich nehmen und die andere dem Heiligen stiften würde. Als ein Schwarm Enten in die Schusslinie kam, legte der Pfarrer an und schoss: Etliche Enten blieben liegen, die anderen flatterten empor. „Greif zu, Hubertus", rief er da, „lass sie nicht wegfliegen, sie sind deine Hälfte."

# 18. August

Sonntagspredigt in der Dorfkirche: „Ihr schaut immer nur auf das Äußere, auf das hübsche Gesicht und das hübsche Kleidchen", wettert der strenge neue Kaplan gegen die leichtfertigen Liebschaften der jungen Burschen. „Ich aber sage euch: Ihr solltet mehr das sehen, was darunter ist!"

# 19. August

Ein Schreiner, ein Elektriker und ein Maurer streiten sich, wer das älteste Handwerk hat. Sagt der Maurer: „Wir haben damals in Ägypten die Pyramiden gebaut!" Meint der Schreiner: „Wir bauten Noachs Arche."
Darauf der Elektriker: „Jungs, das könnt ihr alles vergessen! Als Gott sprach: ‚Es werde Licht!', da waren schon alle Leitungen gelegt."

# 20. August

Schon in der Frohen Herrgottstunde sollen die Kinder eine Ahnung von dem Wesen Gottes erhalten. So fragt die Seelsorgehelferin: „Gott war schon da, als unsere Großeltern, ja unsere Ururgroßeltern lebten, und er lebt auch noch, wenn wir, unsere Enkel und Urenkel längst gestorben sind. Wie sagt man dazu?“ Bärbel weiß es: „Er hat ein zähes Leben – wie die Schildkröten.“

# 21. August

Ein Mann hatte sich beim Schneider eine Hose bestellt. Doch die Hose wurde und wurde nicht fertig. Endlich, nach zwei Monaten war es so weit. Beklagt sich der Kunde: „Hat Gott die Welt gemaacht in sechs Teg, und Ihr braucht far a por Hosen zwej volle Monatn!"
„Nu wos: Schaut Eich die Welt an", entgegenete der Schneider, „no und donn schaut Eich diese Hose an!"

# 22. August

Drei Damen unterhalten sich über den Rückgang der Zahl der Kirchenbesucher.

Die erste: „In unserer Gemeinde sitzen manchmal nur vierzig Leute zusammen."

Die zweite: „Das ist gar nichts. Bei uns sind wir oft nur zu zehnt."

„Bei uns ist es noch viel schlimmer", erklärt die dritte. „Immer wenn der Pfarrer sagt ‚Geliebte Gemeinde', werde ich rot."

# 23. August

Im Religionsunterricht lässt sich der Lehrer von den Schülern die vielen wunderbaren Heilungen Jesu aufzählen: „Die Aussätzigen machte er rein." – „Die Blinden sehend!" – „Die Gelähmten konnten wieder laufen."
Eines vermisst der Lehrer noch: „Und was tat er mit den Tauben?"
„Die ließ er fliegen!"

# 24. August

Ein Fürstbischof ist auf der Jagd. Er legt an und schießt auf eine Wildgans. Da er nicht mehr gut sieht, fragt er seinen Sekretär: „Gut getroffen?" – Darauf dieser: „Seine Exzellenz haben geruht, die Wildgans zu begnadigen!"

# 25. August

Ein irischer Auswanderer schreibt nach Hause: „Ich verdiene als Straßenkehrer nur 15 Dollar in der Woche. Kann ich damit ein christliches Leben führen?“ Der Vater schreibt aus Irland zurück: „Lieber Sohn, es ist sogar das einzige Leben, was du damit führen kannst!“

# 26. August

Zwölf Kühe werden vom Blitz erschlagen. Bauer Hennes ist wütend über den Verlust und klagt über die Ungerechtigkeit der Welt. Der Pfarrer redet ihm daraufhin ins Gewissen: „Hennes, es ist sehr undankbar von dir, dich derart heftig zu beklagen. Schließlich heißt es schon in der Bibel: ‚Der Herr hat's gegeben, der Herr hat's genommen.'" Unversöhnt entgegnet Bauer Hennes: „Sie haben leicht reden, Herr Pfarrer. Ich möchte mal wissen, was Gott sagen würde, wenn ihm ein Dutzend Cherubim erschlagen würden – und die Hälfte davon auch noch trächtig!"

# 27. August

Der Pfarrer predigt über die zehn Gebote. Beim Gebot „Du sollst nicht stehlen" sieht er, wie ein Mann zusammenzuckt. Beim Gebot „Du sollst nicht ehebrechen" sieht er, wie der Mann sich plötzlich wieder entspannt auf der Bank zurücklehnt. Der Pfarrer fragt den Mann nach dem Gottesdienst, was das denn zu bedeuten hatte.

„Als Sie vom Gebot ‚Du sollst nicht stehlen' sprachen, da fiel mir plötzlich auf, dass mein Regenschirm verschwunden war. Als Sie dann zu ‚Du sollst nicht ehebrechen' kamen, wusste ich wieder, wo ich ihn habe stehen lassen."

# 28. August

Der sonst so lebhafte Philipp war heute ungewöhnlich schweigsam im Religionsunterricht. Mehrmals flossen ihm die Tränen über das Gesicht. Nach dem Grund gefragt, antwortet er schluchzend: „Mein Meerschweinchen ist gestorben."
„Aber beim Tod deiner Großmutter vor vier Wochen hast du doch auch nicht so geweint", will ihn der Pfarrer trösten. Darauf Philipp: „Die habe ich auch nicht von meinem Taschengeld gekauft!"

# 29. August

Bei einem Empfang wird ein Geistlicher von einem Kirchenkritiker angesprochen: „Wissen Sie, ich habe für den ganzen faulen Zauber, der in den Kirchen veranstaltet wird, nicht viel übrig. Ich glaube nur, was ich mit meinem Verstand begreifen kann."
„Mit anderen Worten", sagte darauf der Geistliche, „Sie glauben also an gar nichts."

# 30. August

Ein Pfarrer bestellt in einem Lokal Nachtigallenpastete mit Klößen. Es schmeckt alles vorzüglich. Nachdem er gezahlt hat, fragt er den Ober: „Sagen Sie, das war doch eine recht ordentliche Portion, und so eine Nachtigall ist doch nur ein winziges Tierchen?" – „Ja", sagt der Ober, „wir mischen da ja auch ein bisschen!" „So?", fragt der Pfarrer. „Ja, wir mischen mit Pferdefleisch." „Ist ja interessant!" „Ja, eine Nachtigall – ein Pferd!"

# 31. August

Der Gemeindereferent hat seine Ausbildung abgeschlossen. Der Personalreferent des Ordinariats fragt ihn: „Wo würden Sie in unserer Diözese gern arbeiten?“
Der Gemeindereferent selbstbewusst:
„Ich möchte persönlicher Berater unseres Bischofs werden.“
„Sind Sie denn verrückt?“
„Wieso, ist das Bedingung?“

## 1. September

Der Rebbe ermahnt seinen Bruder, er solle doch mit dem Saufen aufhören, das schade dem Ruf der Familie.
„Wos willst du denn", fragte ihn der Trinker, „meine Familie ist besser als deine!"
Der Rebbe schaute ihn nur verständnislos an.
„Dos kann ich beweisen: Ich hob einen Bruder, der ist Rebbe, du aber hast nur einen Sajfer zum Bruder!"

# 2. September

Der Pfarrer geht abends spazieren und liest sein Brevier. Er ist müde und das Beten fällt ihm schwer. Als er aus dem Dorf rauskommt, wird es ganz schön kühl und zugig. Von Zeit zu Zeit fährt der Wind ins Brevier und weht ein Blatt oder gar noch mehr um. Der Pfarrer hält das Buch etwas höher und murmelt demütig: „Herr, wie du willst! Ich hätt' mich nicht getraut."

# 3. September

„Herr Pfarrer, ich habe gesündigt“, bekennt ein junges Mädchen im Beichtstuhl. „Auf welchem Gebiet denn, mein Kind?“, fragt der Geistliche. „Auf dem Gebiet des Stadtparks.“

# 4. September

Als der Pfarrer den spärlich gefüllten Kollektenkorb sieht, wendet er sich an seine Gemeinde: „Ich habe immer betont, dass die Armen in der Kirche gern gesehen sind. Wie ich aus der Kollekte sehe, sind sie alle gekommen."

# 5. September

Am Ende einer kirchlichen Feier sagt ein Pfarrer zu seinem Mitbruder:
„Lieber Mitbruder, Ihre Predigt dauerte eine ganze Stunde!“
„Na, ich hab sie auch bis tief in die Nacht vorbereitet.“
„Das spricht für eine außergewöhnliche Opferbereitschaft: Sie verzichten auf den Schlaf, damit Sie ihn anderen bescheren können.“

# 6. September

Ein Rabbi bestellt sich im Restaurant eine Suppe. Der Kellner bringt diese und will gehen, da spricht ihn der Rabbi an: „Probieren Sie mal die Suppe!" Kellner: „Kein Problem, wenn die Suppe zu kalt ist, tausche ich sie aus." Rabbi: „Nejn, nejn, probieren Sie sie selber mal!" Kellner: „Also …" Rabbi: „Probieren, hob ich gesagt!" Der Kellner setzt sich: „Wo ist denn der Löffel?" Rabbi: „Eben!"

# 7. September

Was ist der Unterschied zwischen einem jungen und einem alten Prediger?
Der junge Prediger weiß nicht, wie er anfangen, der Alte weiß nicht, wie er aufhören soll.

# 8. September

Der große Theologe Karl Rahner (1904–1984), der mit seiner Theologie maßgeblich das Zweite Vatikanische Konzil beeinflusst hatte, wurde einmal nach der Wirkungsbedeutung von Dogmen gefragt.
Er antwortet: „Dogmen sind wie Laternen in der Nacht. Sie sollen einem den richtigen Weg weisen – nur Betrunkene klammern sich daran.“

# 9. September

„Warum beten wir eigentlich um das tägliche Brot, und nicht um das wöchentliche oder monatliche?“, fragt der Kaplan im Religionsunterricht. „Vielleicht, damit das Brot frisch ist“, vermutet Sebastian.

# 10. September

„Kennst du Salomon Herschfeld? Vor zehn Jahren, als er hierher kam, hat er nichts besessen als ein paar alte Hosen, und jetzt hat der Mann zwei Millionen!"
„Gott behiete, was fängt er an mit zwei Millionen alte Hosen!"

# 11. September

„Wie lange blieben Adam und Eva im Paradies?“, fragt der Dorfpfarrer im Religionsunterricht. „Das dürfte so bis Mitte September gewesen sein“, antwortet Sebastian. „Wie kommst du denn darauf?“ „Na, dann sind die Äpfel reif.“

# 12. September

„Und was geschieht, wenn du eins der zehn Gebote brichst?", erkundigt sich der Pfarrer in der Religionsstunde. Eins der Kinder meldet sich nach kurzem Überlegen und meint: „Na, dann sind's eben nur noch neun ..."

# 13. September

Der Pfarrer begegnet auf der Straße Frau Knittke, die ein Kleid mit einem mehr als gewagten Ausschnitt trägt. Der Pfarrer fragt sie: „Konnten Sie den Teufel, der Ihnen zum Kauf dieses Kleides geraten hat, nicht von sich weisen?“ Darauf antwortet sie: „Das habe ich ja gemacht. Aber er hat sich im Fortgehen noch mal umgedreht und gesagt: ‚Das Kleid sieht selbst aus der Ferne noch umwerfend aus!‘“

# 14. September

„Feitel, konnst du mir erklären: Wos ist Relativität?" „Gonz einfach: Stell dir vor, du sitzt mit'm Toches (Hintern) oif'm gliehenden Ofen. Dann wird dir eine Sekunde wie ne Stunde vorkommen. Bist du aber mit einem hibschen Mädchen zusammen, wird dir ne Stunde wie ne Sekunde vorkommen." „Und mit DIE Schmonzes (dummes Zeug) reist Einstein nach Amerika?!"

# 15. September

Der kleine Jonatan öffnet die Wohnungstür, an der es soeben geschellt hat. Vor der Tür sieht er einen Pater stehen, der Geld für die Mission sammelt.
„Mutti", ruft Jonatan und rennt in die Küche, „draußen steht jemand, der oben wie ein Mann aussieht und unten wie eine Frau."

# 16. September

Im Religionsunterricht fragt der Pfarrer seine Schüler: „Was ist ein Gelübde? Wer weiß es?" Alle schweigen und schauen nach unten. Dann meldet sich Fritzchen: „Ich weiß es, Herr Pfarrer – mein großer Bruder hat nämlich eine!"

# 17. September

Ein Rabbi, ein katholischer Priester und ein evangelischer Pastor halten zusammen eine Andacht. Danach beraten sie, was mit der Kollekte geschehen soll.
Der Katholik: „Wir zeichnen einen Kreis auf den Boden, werfen das Geld hoch, was im Kreis landet, ist für Gott, das andere wird geteilt."
Der Evangelische: „Wir zeichnen einen Kreis, werfen das Geld hoch, nur soll das Geld außerhalb des Kreises für Gott sein."
Der Rabbi: „Wie werfen das Geld hoch, und was Gott haben will, soll er sich nehmen."

# 18. September

„Sie sehen so bedrückt aus“, sagt ein Mann zu seinem Ortspfarrer. „Haben Sie Sorgen?“
„Morgen kommt der Bischof zur Visitation.“
„Was ist denn das: Visitation?“
„Einem jung verheirateten Mann wie Ihnen kann ich das leicht erklären: Wenn Ihr Schwiegervater zu Besuch kommt, dann ist das eine Visite, kommt aber Ihre Schwiegermutter, dann wird aus der Visite eine Visitation.“

# 19. September

Ein bayerischer Landwirt zu seiner Gattin: „Ja, Cenci, was is denn, warum hast denn die Gans gschlacht?“ – „Ja mai, mir ham doch heut unsern 10. Hochzeitstag.“ – „Ja, und wos kann denn da die arme Gans dafier?“

# 20. September

Der Pfarrer macht einen Krankenbesuch beim größten Schandmaul der Gemeinde. Die Kranke jammert ihm die Ohren voll und sagt schließlich: „Herr Pfarrer, ich leide Höllenqualen." Ungerührt antwortet der: „Übertreiben Sie nicht. Das kommt erst noch."

# 21. September

Zwei Theologieprofessoren treffen sich auf einer Tagung. Der eine sagt: „Irgendwie kommen Sie mir bekannt vor. Kann es sein, dass ich Ihr Gesicht schon einmal irgendwo anders gesehen habe?"
„Das glaube ich nicht", schmunzelt der zweite. „Ich trage es immer an derselben Stelle."

# 22. September

Der Gefängnisseelsorger will dem bald zu entlassenden Sträfling Mut machen. „Ich werde dir nach deiner Entlassung helfen, Anton."
Doch Anton ist skeptisch: „Das wird Ihnen schwer fallen, Herr Pfarrer, Einbrechen will gelernt sein."

# 23. September

Am Jom Kippur, am Versöhnungstag, schlägt sich ein junger Mann in der Synagoge vehement an die Brust und seufzt und betet laut, rauft sich die Haare und überschreit alle anderen. Sein Nachbar schaut eine Zeit zu. Dann sagt er: „Junger Mann, mit Gewalt erreichen Se hier gor nichts!“

# 24. September

Der Pfarrer will seinem Pfarrgemeinderat für die geleistete Arbeit im vergangenen Jahr mit einem Abendessen in der Gaststätte danken. Der Ober führt die Gruppe an einen Tisch ohne Stühle.

„Was soll denn dieser Unsinn?“, entrüstet sich der Pfarrer. Der Ober lächelt: „Sie haben ja nur einen Tisch bestellt, Herr Pfarrer.“

# 25. *September*

Bei der Beerdigung des toten Lateinprofessors Kunkel meinte ein Kollege: „Kunkel war ein toller Altphilologe. Er beherrschte sieben tote Sprachen!" – „Die wird er ja jetzt brauchen können!"

# 26. September

Der alte Pfarrer fragt selbstgefällig: „Warum hat der liebe Gott wohl erst Adam und dann erst Eva erschaffen?" Pauline meldet sich: „Es ist wie beim Aufsatz. Erst schreibe ich das Konzept und dann das Original."

# 27. September

Ein Mann erklärt dem Pfarrer, warum er nicht mehr in den Gottesdienst kommt: „Als man mich zum ersten Mal in die Kirche brachte, begoss man mich mit Wasser. Das zweite Mal, bei meiner Firmung, bekam ich eine Ohrfeige. Das dritte Mal war es am schlimmsten; da wurde mir eine Frau angedreht, dich ich nicht mehr loswerde. Ich habe daraus gelernt."
Da antwortet ihm der Pfarrer: „Es wird noch schlimmer kommen. Beim letzten Mal werde ich mit Erde nach Ihnen schmeißen."

# 28. September

Der sehr abergläubische Pischel schlug jeden Morgen die Bibel auf und nahm das Schriftwort, auf das sein erster Blick fiel, als Devise für den kommenden Tag. Am Freitag, dem 13., stieß er auf Mt 27,5: „Und Judas ging hin und erhängte sich." Verwirrt schlug Pischel die Bibel an einer anderen Stelle auf. Sein Gesicht wurde ganz blass, als er bei Lk 10,37 las: „Dann geh und handle genauso." Zitternd versuchte Pischel es ein drittes Mal. Vor seinen Augen verschwimmt die Schrift, als er Joh 13,27 aufschlägt: „Was du tun willst, das tu bald!" Seitdem hält Pischel nichts mehr von Orakeln.

# 29. September

Bei der Religionsprüfung. Der Kandidat kann alle Fragen perfekt beantworten und weiß auch darüber hinaus noch einiges. Die Mitglieder der Prüfungskommission sehen, dass der Religionslehrer eine Fünf in das Protokoll geschrieben hat. „Aber er hat doch alles gewusst!", rufen sie erstaunt. „Tja, das stimmt", meint darauf verdrießlich der Lehrer, „er weiß alles, aber glaubt es nicht."

# 30. September

Bei einem festlichen Diner sitzt peinlicherweise neben dem Kardinal eine sehr freizügige Dame, mit einem Dekolletee für fünf Personen. Der Kardinal greift sich einen schönen roten Apfel und bietet ihn seiner Nachbarin an: „Er soll Sie an das Paradies erinnern."
„Wieso denn das?", verwundert sich die Dame.
„Nun, als Adam und Eva im Paradies von dem Apfel gegessen hatten, sahen sie, dass sie nackt waren."

# 1. Oktober

Wer ist der Schutzpatron in Steuersachen?
Der hl. Bartholomäus. Dem wurde bei lebendigem Leib die Haut abgezogen.

# 2. Oktober

„Kohn ist gestorben, gehst du auf seine Beerdigung?“
„For wos sollt ich? Wird er auf mejne kummen?“

# 3. Oktober

Zwei Kirchenspinnen unterhalten sich. Die eine klagt: „Den Rummel halte ich nicht mehr länger aus. Dauernd die vielen Leute, Glockengeläut und Orgellärm. Dazu noch der Küster mit seinem Staubwedel."
„Du sitzt nur an der falschen Stelle", antwortet die zweite, „ich habe ein stilles Plätzchen, auf dem mich niemand stört."
„Und wo spinnst du?", fragt die Genervte. „In der Almosenbüchse", lautet die Antwort.

# 4. Oktober

Der Papst ist seit ein paar Tagen im Himmel, und schon hat er die erste Beschwerde an Petrus: „Was ist denn nur hier los? Ich bekomme eine kleine Zelle, in der ich hausen muss, und der Rechtsanwalt weiter vorne hat ein 10-Zimmer-Penthouse! Irgendetwas muss da falsch gelaufen sein!" Antwortet Petrus: „Na, das hat schon alles seine Richtigkeit. Päpste haben wir hier oben mehr als genug, aber wir haben nur einen Rechtsanwalt!"

# 5. Oktober

Ein italienischer Pfarrer wettert in seiner Predigt gegen das Lottospiel: „Ihr wisst ja gar nicht, was ihr tut. Ihr denkt euch irgendwelche Zahlen aus, 3 oder 5 oder 26, und schafft euer sauer erarbeitetes Geld in die Annahmestelle. Dabei denkt ihr gar nicht an eure Familien, denen es am Nötigsten fehlt."

Nach dem Gottesdienst fragt ihn eine alte Frau: „Ach, Hochwürden, sagen Sie doch bitte, wie nochmal waren die drei Zahlen aus der Predigt?"

# 6. Oktober

In einer kleinen Dorfkirche war es vor Jahrzehnten noch üblich, die für den Gottesdienst vorgesehenen Lieder an der Liedtafel nicht nur mit ihrer Nummer, sondern auch mit dem Textanfang anzukündigen. Diese Sitte gab man jedoch auf, als bei einer Brautmesse zum Entsetzen des Paares und der Gäste Folgendes zu lesen war:

Habet Kinder …
vor der Trauung 1 bis 2,
nach der Trauung 3 bis 5.

# 7. Oktober

Die kleine Lisa kommt aus dem Kindergottesdienst nach Hause.
„Worüber hat denn der Pfarrer heute gepredigt?“, fragt die Mutter.
„Über Adam und Eva, du kennst ja die Anekdote.“

# 8. Oktober

Im Religionsunterricht sagt der Pfarrer: „Heute erkäre ich euch, wie der erste Mensch entstanden ist."
Darauf Fritzchen: „Interssanter wäre es zu wissen, wie der dritte Mensch entstanden ist."

# 9. Oktober

Blum trifft am Versöhnungstag seinen Konkurrenten Löw im Bethaus. Gewillt, mit ihm Frieden zu schließen, streckt er ihm die Hand hin und sagt: „Ich winsche dir dasselbe, was du mir winschst!"

„Fängst de schon wieder on!", erwidert Löw gekränkt.

# 10. Oktober

Ein fast tauber Pater hört in der Stadtkirche Beichte. Der Beichtstuhl ist immer gut besucht. Ein Mann kommt in den stadtbekannten Beichtstuhl und sagt: „Taramtata, taramtata, taramtata." Darauf der Beichtvater: „Tirimtiti, tirimtiti, tirimtiti – der Taube sitzt heut' vis-á-vis."

# 11. Oktober

Dr. Bahrdt blieb bei seinem ersten Kanzelauftritt in Leipzig in seiner Predigt stecken. Ein schweres Gewitter war ausgebrochen und mitten in seinem Vortrag krachte ein fürchterlicher Donnerschlag. Da verließ ihn plötzlich sein Gedächtnis, aber nicht seine Geistesgegenwart. Gelassen und voll amtlicher Würde verließ er die Kanzel mit den Worten: „Wenn Gott vom Himmel spricht, da geziemt es dem Menschen zu schweigen."

# 12. Oktober

Ein Pastor unterbricht seine Predigt und schaut fast zwei Minuten verklärt nach oben. Schließlich erklärt er: „Ich hatte gerade eine Erscheinung!"
Die Gemeinde ist tief bewegt, weil gerade ihr Pastor einer Erscheinung gewürdigt wird. Am Ausgang wird er von einer Frau teilnahmsvoll gefragt: „Herr Pastor, was für eine Erscheinung hatten Sie denn?"
„Eine Alters-Erscheinung!", erklärt er bereitwillig.

# 13. Oktober

Im Religionsunterricht war eines Tages die Schöpfungsgeschichte dran.

Die Lehrerin: „Also, Kinder, was ist das: Es ist klein, braun und hat einen langen buschigen Schwanz. Und es hüpft von Baum zu Baum."

Werner meinte: „Also, mein gesunder Menschenverstand sagt mir ja, dass Sie ein Eichhörnchen meinen. Aber wie ich den Laden hier kenne, ist das wieder das liebe Jesulein!"

# 14. Oktober

Ein Junge aus dem katholischen Gymnasium kommt zum Beichten. „Pater, ich habe nach dem Fußballturnier eine Schlägerei gehabt. Ich habe einem vors Schienbein getreten, dann habe ich ihm noch ein Büschel Haare ausgerissen."
„Das sind schlimme Sünden. Du hast gegen die christliche Nächstenliebe verstoßen. Was sollen wir da bloß machen? Gegen wen habt ihr denn überhaupt gespielt?" – „Gegen die Schüler vom Martin-Luther-Gymnasium."
„Naja, Jungen sind halt Jungen, bet'st ein Ave Maria als Buße."

# 15. Oktober

Eine alte Bäuerin macht eine Wallfahrt nach Altötting. Als sie nach dem Grund gefragt wird, antwortet sie: „Ach, meine Tochter Rosi ist schon drei Jahre verheiratet und sie sie haben noch kein Kind bekommen." „Und hat es etwas geholfen?" „Ja, aber die Muttergottes muss sich versehen haben, denn nicht die Rosi, sondern meine ledige Traudl hat's Kind bekommen."

# 16. Oktober

Der Kaplan erzählt den Kindern die Geschichte von der Berufung der Apostel. „Petrus war vorher ein einfacher Fischer", sagt er, „als ihn aber der Herr rief, ließ er seinen Beruf im Stich und wurde …?"
„Polizist!", ruft Jochen.
„Wie kommst du denn darauf?", verwundert sich der Kaplan.
„Aber der Heiland hat doch selbst zu ihm gesagt: Von nun an sollst du Menschen fangen."

# 17. Oktober

Der evangelische Theologe Wolfgang Trillhaas weilte bei seinem Kollegen Professor Rudolf K. Bultmann in Marburg. Trillhaas wollte noch ausgehen, Bultmann brauchte aber Ruhe und gab seinem Kollegen den Schlüssel. Später kehrte Trillhaas heiter zurück, schloss auf und wollte Licht machen. Dabei erwischte er aber den Klingelknopf. Bultmann steckte den Kopf zur Türe hinaus und meinte: „Ja, so sind wir Theologen, wir wollen Licht machen und verursachen nur Lärm."

# 18. Oktober

Der kleine Knirps beichtet zum dritten Mal in seinem kurzen Leben. Als letzte Sünde bekennt er noch: „Ich habe den Kindersegen verhütet", worauf der Priester sehr verwundert nachfragt: „Was meinst du denn damit?"
Und der Junge antwortet: „Wenn die Mutter mich abends ins Bett bringt, macht sie mir immer ein Kreuzzeichen auf die Stirn. Aber einmal habe ich dazu keine Lust gehabt. Da habe ich die Decke über den Kopf gezogen und getan, als ob ich schlafe ..."

# 19. Oktober

Schon seit zwanzig Jahren betet Gustav an jedem Wochenende: „Lieber Gott, lass mich bitte in der Lotterie gewinnen."
Doch nie gewinnt er.
Als er es eines Tages wieder versucht, erstrahlt sein Zimmer plötzlich in hellem Licht, und eine tiefe Stimme sagt: „Gib mir doch eine Chance, Gustav, kauf dir endlich ein Los!"

# 20. Oktober

Ein jüdischer Versicherungsagent will sich taufen lassen. Eine volle Stunde bleibt er beim Pfarrer, bis er wieder auf die Straße tritt.
„Nu, hot er dich getäuft?“, will sein Freund wissen.
„Nejn“, entgegnet der Agent und wischt sich den Schweiß ab, „ober ich hob en versichert!“

# 21. Oktober

Ein geiziger Millionär liegt im Sterben. Dem eilends herbeigerufenen Pfarrer klagt er:
„Wenn ich doch nur etwas von meinen Reichtümern mit hinübernehmen könnte!“
„Das wäre völlig sinnlos“, erwidert der Geistliche, „es würde ja alles gleich verbrennen.“

# 22. Oktober

Ein alter jüdischer Händler belehrt seinen Sohn: „Olles, wos is seltn, is taier. Moschl, also, zum Beispiel, a gutes Pferd is seltn, for dos is es och taier!"

„No, Tate, Papa", widerspricht der Herr Sohn, „a gutes Pferd, dos billig is, is doch noch seltener!"

# 23. Oktober

Der englische Bischof Butler schloss einst seinen Gottesdienst mit der Ankündigung, dass er am folgenden Sonntag über die Lüge predigen werde, und forderte die Gemeinde auf, das 17. Kapitel des Markus-Evangeliums zu lesen.
Acht Tage später fragte er, wer Markus 17 gelesen habe. Fast alle Anwesenden hoben den rechten Arm. „Ihr seid die Leute, denen ich über die Lüge predigen muss", sprach der Bischof, „es gibt nämlich nur 16 Kapitel im Markus-Evangelium."

# 24. Oktober

Ein katholischer Stadtpfarrer hat die Gemeinde zu überlegtem Autofahren ermahnt. Er empfiehlt den Mitfahrern im Auto, auf langen Strecken zur Ermunterung des Fahrers Lieder aus dem Gesangbuch zu singen: Bei Tempo 100 Lied Nr. 303: „In Gottes Namen fahren wir", bei Tempo 140 Lied Nr. 656: „Wir sind nur Gast auf Erden", ab Tempo 180 Lied Nr. 659: „O Welt, ich muss dich lassen!"

# 25. Oktober

Religionsunterricht. Der Kaplan stellt eine schwere Frage: „Also es gibt drei Dinge, auf die der Mensch am wenigstens vorbereitet ist! Wer weiß das?" Darauf Fritzchen: „Drillinge!"

# 26. Oktober

Die Ehefrau des Fleischers macht sich zur Beichte fertig. Der Mann ruft ihr, als sie gerade das Haus verlässt, zu: „Ach, Erna, beichte ja nichts vom Geschäft, der Pfarrer ist unser bester Kunde.“

# 27. Oktober

Der kleine Niklas ist zur Beichte gekommen, aber dem Jungen fällt kaum eine begangene Sünde ein. Der Pfarrer möchte ihm helfen und fragt: „Sprichst du auch immer dein Abendgebet?"
„Ja, jeden Abend", antwortet Niklas. „Und außerdem betet auch noch Mutti für mich."
„Das ist ja schön. Und was betet sie?"
„Gott sei Dank, dass er endlich im Bett ist!"

# 28. Oktober

Ein Geisltlicher fragte während eines Sturmes den Steuermann: „Glaubst du, dass das Schiff in Gefahr ist?"
Der Steuermann nickte bedenklich: „Hochwürden, wenn der Sturm nicht nachlässt, sind wir alle in einigen Stunden im Paradies."
Der Geistliche: „Ach du Schreck, bloß das nicht."

# 29. Oktober

Ein Taschendieb hat dem Pfarrer vor der Beichte beim Händeschütteln die Uhr abgenommen. Dann beichtet er: „Ich habe eine wertvolle Uhr gestohlen. Ich möchte sie Ihnen geben."
„Nein, nicht mir. Du musst sie dem Bestohlenen zurückgeben." – „Dem habe ich sie schon angeboten. Er will sie nicht nehmen."
„Ist das wirklich wahr?"
„So wahr ich hier knie, Hochwürden."
„Dann darfst du sie behalten. Siehst du, mein Sohn, es gibt doch noch großherzige Christenmenschen."

# 30. Oktober

Der berühmte Evangelist Billy Graham möchte nach einer Predigt in der Bronx spazieren gehen. Die Gemeindeglieder raten ihm davon ab. „Ich fürchte mich nicht", sagt Graham, „Gott ist mit mir." In der dunklen Straße kommen ihm fünf Jugendliche entgegen. „Hey, Alter, gib uns deine Brieftasche", maulen sie ihn an. Billy Graham gibt ihnen sofort die Geldbörse. Einer der Jugendlichen entdeckt seinen Personalausweis und sagt: „Du bist Billy Graham? DER Billy Graham?" „Ja, der bin ich." Darauf sagt der Jugendliche: „O.k. Jungs, gebt ihm die Brieftasche wieder, wir Baptisten müssen zusammenhalten."

# 31. Oktober

Eine von Sorgen und Krankheiten geplagte Frau klagt dem Pfarrer ihre Not. „Trösten Sie sich“, sagt er, „denn es steht geschrieben: Wen Gott lieb hat, den züchtigt er.“ „Das wird schon so sein“, sagt die Frau traurig und betrachtet nachdenklich das runde, zufriedene Gesicht des Pfarrers. Dabei kommt ihr plötzlich ein Hoffnungsschimmer. „Ach, Hochwürden“, sagt sie zutraulich, „ich seh's Ihnen an, dass Sie mir raten können, wie man es anfängt, dass einen der Herrgott nicht mehr gar so schrecklich gern hat.“

# 1. November

„Nun, mein lieber Klaus, wie ist denn die Note in der Religionsarbeit ausgefallen?“, will die Mama wissen.
„Aber das ist doch nebensächlich, Mama. Hauptsache wir sind gesund!“

# 2. November

Schlojme hat einen Sohn bekommen und lädt seine beiden Freunde zur Namensgebung ein.

„Wenn ihr kummt, klopft nur kräftig mit dem Fuß an die Tir!"

„Nu, for wos mit dem Fuß, host du keen Klingel?"

„No, ihr werdt doch nicht mit leere Hende kummen!"

# 3. November

Im Religionsunterricht sagt der Katechet zum Schüler: „Ich hoffe, dass ich dich niemals beim Abschreiben erwische!"
Sagt der Schüler: „Das hoffe ich auch …"

# 4. November

Der Organist hat Streit mit dem Pastor. Er besteht auf einer besseren Bezahlung. Als der Pastor vor dem Sonntagsgottesdienst vermeldet: „Zu Beginn singen wir Lied 243: Lobt Gott getrost mit Singen", ruft er von der Orgelempore in die Gemeinde: „Jawohl, und zwar den sechsten Vers, welcher lautet: Gott sollt ihr billig loben."

# 5. November

In der Gruppentherapie des Psychiaters sollen sich die Teilnehmer erst einmal gegenseitig vorstellen. Der erste beginnt: „Ich bin der Kaiser von China."
Darauf fragt der Psychiater: „Wie kommen Sie denn darauf?"
„Das hat Gott mir gesagt."
Darauf ein weiterer Patient: „Was soll ich gesagt haben?"

# 6. November

Ein Schnorrer kommt zum Baron Rothschild: „Helfen Se mir, ich hob schon drei Teg nichts gegessn!“ Der Baron legt ihm die Hand auf die Schulter und meint ermutigend: „Du musst dich zwingen, mejn Sohn!“

# 7. November

„Liebe Gemeinde, wenn ich mir die Autos vor der Kirche betrachte, dann freue ich mich: Es gibt kaum Arme in unserer Gemeinde. Und wenn ich in den Kollektenkorb schaue, dann freue ich mich auch: Es gibt kaum Reiche in unserer Gemeinde."

# 8. November

Der würdige alte Kirchendiener hatte eine dreistufige Wertskala für die Probepredigten eingeführt, die er sich anhören musste. Seine beste Wertung war: „Sie werden eine Posaune des Herrn werden.“ Der zweite, vermutlich besonders häufige Grad der Anerkennung lautete: „Sie haben mich erbaut.“ Aber auch bei einer noch so schlechten Predigt wusste er ein tröstliches Wort: „Sie haben die Lieder gut gewählt.“

# 9. November

Hans' Katze hat schon wieder Junge geworfen, die er abgeben möchte. „Frag doch mal im Pfarrhaus nach, ob die nicht ein oder zwei Kätzchen haben wollen", meint seine Mutter. „Pech gehabt", erklärt Hans, als er zurückkommt. „Fräulein Minna, die Haushälterin, hat gesagt, sie könne keine Katze im Hause haben, weil der Herr Pfarrer einen Vogel hat."

# 10. November

Ein gestandener Mann bekennt im Beichtstuhl seine Sünden: „Ich habe oft geflucht, aber auch viel gebetet – das gleicht sich aus. Ich habe einiges gestohlen, aber mitunter auch etwas an die Armen verschenkt – das gleicht sich aus. Ich habe geprasst und über den Durst getrunken, aber mitunter auch gefastet – das gleicht sich aus." Die Ermahnung des Pfarrers ist kurz und eindeutig: „Ja, guter Mann, dann ist es so: Gott hat Sie geschaffen, und der Teufel wird sie holen – das gleicht sich aus!"

# 11. November

Ein sehr frommes, uraltes Ehepaar, das sehr gesund gelebt hatte, kommt durch einen Unfall ums Leben und landet sogleich im Himmel. Sie sehen sich all die Herrlichkeiten an, und die Frau wird immer fröhlicher. Der Mann sagt: „Wenn du nicht immer mit deinen dummen Knoblauchpillen gekommen wärst, hätten wir das schon seit zwanzig Jahren haben können."

# 12. November

Der kleine Martin beichtet: „Herr Kaplan, ich habe gegen die Zehn Gebote verstoßen. Ich habe begehrt meines Nächsten Weib." Der Kaplan erstaunt: „Aber Martin, das kann doch nicht sein. Du bist doch erst neun Jahre alt!" Darauf Martin: „Doch, die Frau von unserem Nachbarn bäckt viel leckereren Kuchen als meine Mutter."

# 13. November

Ein Talmudstudent sitzt nachts über seinen Büchern. Plötzlich hört er ein merkwürdiges Geräusch hinter sich. Er schreit vor Schreck laut auf. Dann überlegt er: „Wenn es eine Katze ist, dann bedeutet mein Schrei so viel wie ‚Huch', wenn es ein Dämon ist, bedeutet er ‚Hebe dich hinweg', wenn es aber ein Einbrecher ist, bedeutet er ‚Ich hob Angst, helft mir!'"

# 14. November

Dialog zwischen zwei Pfarrern über die Frage, wie man den Kirchenbesuch wieder beleben könne: „Wir haben jetzt gepolsterte Sitze, die Kniebänke sind abgeschafft, jede Woche halten wir einen Vortrag über aktuelle Themen, und zweimal im Monat spielt eine Jazzkapelle. Aber die Kirche wird und wird nicht voll. Können Sie mir wohl sagen, was wir noch versuchen sollen?"

„Lieber Mitbruder, ich würde es mal mit Religion versuchen."

# 15. November

Die Polizei hält den Pfarrer an, weil das Licht nicht brennt: „Das kostet 10 Euro." Der Polizist fragt: „Haben Sie denn keine Angst, dass Ihnen etwas passiert, wenn Sie so im Dunkeln fahren?" Darauf der Pfarrer: „Nein, ich habe keine Angst, der Herr ist doch bei mir." Darauf der Polizist: „Was? Zu zweit auf einem Fahrrad? Das macht noch mal 20 Euro!"

# 16. November

Kohn gibt ein Telegramm an Goldberg auf: „Angebot akzeptiert. Brief folgt. Hochachtungsvoll Kohn."
Gibt ihm der Schalterbeamte den freundlichen Rat: „Hochachtungsvoll kennen Se weglossen."
Darauf Kohn: „Ach, Se kennen den Goldberg?"

# 17. November

Als der Mann wieder betrunken nach Hause kommt, baut sich die Frau vor ihm auf und sagt: „Na, und was wirst du mir heute wieder für eine Geschichte auftischen, wo du herkommst?" – „Ach", sagt der Mann, „duuu bisss eine sooo kluge Frau, denk dir doch selber mal was aus, wo ich herkomme!"

# 18. November

Der reiche Schmihl hat eines Tages seine Geldbörse mit 2000 Gulden auf dem Weg zum Markt verloren. Er lässt ein Plakat auf dem Markt aushängen: „Geldbörse mit 2000 Gulden vermisst. Der ehrliche Finder bekommt 50 Gulden. Schmihl.“ Der stadtbekannte Schnorrer Schlojme schreibt in der Nacht darunter: „Biete 100 Gulden. Schlojme.“

# 19. November

Zwei bayerische Brüder unterhalten sich: „Ich habe eine Frau kennen gelernt, wir möchten heiraten, allerdings ist sie evangelisch." Der Bruder ist empört: „Das tust du nicht, da wird sich unser Vater im Grab herumdrehen." „Dann such dir halt auch eine Evangelische, dann liegt der Papa wieder richtig rum."

# 20. November

Herr Kulik hat nur noch sehr spärlichen Haarwuchs. Eines Tages fragt er seinen Pfarrer: „Ist Gott nicht sehr ungerecht? Warum gibt er einigen Menschen Glatzen und anderen so prächtigen Haarwuchs?“ Der Pfarrer beruhigt ihn: „Lieber Herr Kulik, alle Menschen haben Glatzen. Der Unterschied ist nur: Auf einigen Glatzen wachsen Haare, auf anderen nicht.“

# 21. November

Vor fünf Jahren betete Pfarrer Norbert Schuster, Hecklingen, mit 300 Fans für den SC Freiburg. Nicht freiwillig. Er hatte am Weißen Sonntag über das Unvermeidliche gepredigt und dabei den Abstieg des SC als unvermeidlich bezeichnet. Die Ministranten protestierten – so wurde gemeinsam gebetet, und mit dem 4:0 gegen den VfB Stuttgart geschah ein Fußballwunder. Heute, so Schuster, sei er „kuriert". Der SC schaffte den Klassenerhalt jetzt sogar ohne öffentliches Gebet.

# 22. November

Die Gleichberechtigung hält nun auch im Ordinariat Einzug: Die neue Chauffeurin stellt sich beim Bischof vor.
„Wie heißen Sie?“, fragt dieser.
„Stefanie.“
„Gute Frau, ich gehöre nicht zu den Menschen, die die Bediensteten mit Vornamen anreden. Wie ist denn Ihr Nachname?“
„Liebling, Herr Bischof.“
„Nun, ... Stefanie, dann auf eine gute Zusammenarbeit.“

# 23. November

Ein Afrikamissionar besucht in einer Hütte einen jungen Schwarzen, der im Fieber liegt. Er untersucht ihn, gibt ihm eine Tablette und sagt zu ihm: „Du keine Angst haben, du bald wieder gesund und arbeiten wie Elefant." „Das sein feine Sache", sagt der Schwarze. „Dann ich kann fahren nächste Woche wieder zu Sorbonne und können halten feine Vorlesung über Sozialpsychologie …"

# 24. November

Die Trauung geht zu Ende. Der Pfarrer segnet das Ehepaar und spricht: „Nun geht hin, seid fruchtbar und mehret euch." Die Braut errötet etwas und sagt leise: „Vielen Dank, Herr Pfarrer, aber das Mittagessen ist doch schon bestellt."

# 25. November

Der Religionslehrer diktiert seinen Schülern: „Die Bischöfe sind die recht-mäßigen Nachfolger der Apostel." Im Heft von Ruth liest es sich dann so: „Die Bischöfe sind die recht mäßigen Nachfolger der Apostel."

# 26. November

Dem Jugendkaplan stößt es übel auf, dass die Gruppe der Älteren, die sogenannte Oparunde, nach der Gruppenstunde sofort in der Kneipe schräg gegenüber einkehrt. Daher ist sein nächstes Gesprächsthema die Enthaltsamkeit. Er fasst zusammen: „Abstinenz ist eine herrliche Sache."
„Ja", bestätigt ihm einer, „aber nur, wenn man sie enthaltsam anwendet."

# 27. November

„Vater, wos bedeitet ejgentlich Ethik?" „Ich will dir a Beispiel sagen: Zu mir ins Geschäft kummt a Kunde, kauft einen Mantel for sechzig Mark und zahlt mit einem Hunderter. Wie ich hinschaue, hot er das Wechselgeld liegen gelassen. Siehst du, und jetzt beginnt die Ethik: Soll ich das Geld einstecken, oder soll ich es mit meinem Kompagnon teiln?"

# 28. November

Ein Jesuit beichtet bei einem Dominikaner. Der gibt ihm als Bußgebet auf, einen Rosenkranz zu beten und nach jedem Gesetz die Allerheiligenlitanei. Der Dominikaner hat jedoch Pech: Bei seiner nächsten Beichte gerät er an eben jenen Jesuiten. Der erkennt ihn und gibt ihm am Ende folgende Buße auf: „Lieber Mitbruder, beten Sie zur Buße die Allerheiligenlitanei und nach jeder Anrufung einen Rosenkranz."

# 29. November

Zwei Freunde gehen wandern. Als ihn ein Vogelkot mitten auf den Kopf trifft, sagt der eine laut zu sich: „Schön hat der liebe Gott die Welt eingerichtet." Kurze Zeit später tritt er mitten in einen Kuhfladen. „Schön hat der liebe Gott die Welt eingerichtet", sagt er darauf wieder. „Was meinst du damit eigentlich?", fragt ihn sein Wandergefährte. „Stell dir vor, statt der Vögel könnten die Kühe fliegen …"

# 30. November

Auf einem Kreuzer auf hoher See stellt ein Kadett mit dem Sextanten die Position des Schiffes fest und meldet das Resultat. Darauf geht der Kapitän in die Knie und beginnt ein Gebet zu sprechen. „Aber, Herr Kapitän“, sagt der junge Mann, „seit wann ist es denn Brauch, bei der Marine zu beten, wenn das Besteck gemacht ist?“ – „Sie haben übersehen“, gibt der Kapitän zurück, „dass wir uns nach Ihrer Berechnung im Kölner Dom befinden …“

# 1. Dezember

Bauer Jannicks Kühe wollen nicht trächtig werden. Schließlich wendet er sich an den Pfarrer und bittet um eine Segnung. Der Pfarrer kommt daraufhin auf den Hof, spricht ein Gebet und besprengt die Kühe mit Weihwasser. Nach einigen Monaten erkundigt sich der Pfarrer, ob es denn Wirkung gezeigt habe.

Darauf Bauer Jannick: „Ja schon, aber meine Tochter hat wohl auch einen Spritzer abbekommen."

# 2. Dezember

Shmuel sitzt in der Straßenbahn in Berlin, es ist tiefster Winter, und das Fenster neben seinem Sitz ist halb offen. Der Fahrgast hinter ihm friert und tippt Shmuel auf die Schulter: „Würden Sie bitte das Fenster zumachen, es ist kalt draußen!“ Keine Reaktion. Er probiert's nochmal. Schließlich genervt ob so viel Unfreundlichkeit schmeißt er das Fenster selbst zu. Shmuel: „Nu? Und jetzt is es worm draußen?“

# 3. Dezember

Die Oma erklärt dem kleinen Tobias kurz vor der Wandlung: „Du musst jetzt ganz still sein und schön nach vorne gucken. Gleich kommt der liebe Gott." Da kommt der Küster und schlägt zweimal auf den großen Gong. Nach der Messe fragt die Oma ihren Enkel: „Na, Tobias, hast du gemerkt, wie der liebe Gott da war?"
„Ja", antwortet Tobias, „und gut draufhauen kann er auch!"

# 4. Dezember

Eine junge Dame kniet im Beichtstuhl. „Auch habe ich“, bekennt sie leise, „einen jungen Mann sehr geschätzt.“ „Geschätzt?“, fragt der Beichtvater. „Wie oft?“

# 5. Dezember

Als eine bekannte Schauspielerin auf dem Totenbett liegt, lässt sie doch noch den Pfarrer rufen, um zu beichten. „Herr Pfarrer, ich war jung und schön … den Rest können Sie sich ja denken.“

# 6. Dezember

Ein Adventsbesuch hat sich angemeldet. Die Mutter, mit Kaffeevorbereitung in der Küche beschäftigt, ruft: „Hannes, zünde schon mal den Adventskranz an!“ Kurz darauf ruft Hannes zurück: „Auch die Kerzen?“

# 7. Dezember

Moische in der Schule: „For wos hot Gott den Mann gemacht vor der Frau?"
Rebbe: „Weil er hot keine Rotschläg heren wolln, wie er den Mann soll mochen!"

# 8. Dezember

Hans hat seinen früheren Pfarrjugendführer Werner schon lange nicht mehr in der Kirche gesehen. Als er ihn auf dem Markt trifft, fragt er: „Sag mal, Werner, glaubst du nicht mehr an den lieben Gott, an die Gottesmutter und an die Schutzengel alle?" „Doch", antwortet Werner, „an die im Himmel glaube ich fest und zuversichtlich. Wenn nur das Bodenpersonal nicht wäre."

# 9. Dezember

Frau Meier beschwert sich beim Pfarrer, er solle doch dem Nachbarsjungen ins Gewissen reden, weil dieser sie schon öfter „alte Kuh“ genannt habe.

„Das ist wirklich ärgerlich“, erwidert der Pfarrer. „Dabei habe ich dem Bengel schon hundertmal gesagt, er solle die Leute nicht nach dem Äußeren beurteilen.“

# 10. Dezember

Der schon seit Wochen kränkelnde Pfarrer ist nun doch endlich zum Arzt gegangen. „Bin ich wirklich so schwer krank, Herr Doktor?"
Der Arzt antwortet: „Ach Gott, was heißt schwer. Ich will es mal so formulieren: Wenn ich Sie gesund mache, müsste man mich direkt heiligsprechen!"

# 11. Dezember

Ein Jude geht in die „Götterdämmerung“. Es dauert drei Stunden, vier Stunden, fünf Stunden. SECHS STUNDEN! Als er aus dem Theater kommt, fragen die Freunde, wie es gewesen sei. „No, gut wors, nur der Schluss wor ebbes iberstirzt!“

# 12. Dezember

Ein Atheist geht ins Museum. Er betrachtet das Bild von Rubens „Die Heilige Familie auf der Flucht“ und meint: „So sind die Christen! Seit Jahrhunderten erzählen sie den Leuten, Maria und Josef seien so arm gewesen, dass Maria noch nicht einmal ins Wochenbett konnte, sondern ihr Kind in einem Stall hat zur Welt bringen müssen. Aber um sich von Rubens malen zu lassen – dafür hatten sie Geld genug!“

# 13. Dezember

Der alte Blom übergibt seinem Sohn das Geschäft. „An zwei Prinzipien musst du unbedingt festhalten: Ehre und Weisheit."

„Wos bedeuten diese bejden Prinzipien?", will der Sohn wissen. „Ehre bedeutet, doss du immer das halten musst, was du versprichst. Wenn du versprochen hast, am 15. September eine Ware zu liefern, dann musst du das tun." „Und die Weisheit?" „Du Esel, die Weisheit bedejtet, dass man nie etwas genau versprechen soll."

# 14. Dezember

Ein Pfarrer, der ein echter Baupfarrer war, wollte einen berühmten, sehr avantgardistischen Architekten für den Neubau seiner Kirche engagieren. Als der Pfarrer den Entwurf des Projektes dem Bischof vorlegte, gab dieser zur Antwort: „Lieber Mitbruder, wenn die Menschen ein Gotteshaus betreten, dann sollen sie auf die Knie fallen. In Ihrem Falle würde es sie aber glatt auf den Hintern setzen!“

# 15. Dezember

Nachdenklich kratzt sich der Theologieprofessor am Kopf und fragt den eben eingetretenen Prüfungskandidaten: „Kennen wir uns nicht von irgendwoher?“ Der Prüfling antwortet: „Ja, Herr Professor, vom Dogmatikexamen im letzten Jahr.“ „Ja, richtig“, erinnert sich nun der Professor. „Was habe ich Sie im letzten Jahr denn als Erstes gefragt?“ „Kennen wir uns nicht von irgendwoher?“

# 16. Dezember

Simon Stern bestellt in einer Konditorei einen Apfelkuchen, lässt ihn dann aber wieder zurückgehen und nimmt dafür einen Likör. Als er ausgetrunken hat, verlässt er das Lokal. „Herr“, ruft ihm der Konditor nach, „Sie haben den Likör nicht bezahlt!“ „No, ich hob Eich doch den Apfelkuchen davor gegeben.“ „Aber der war doch auch nicht bezahlt!“ „No, hob ich ihn denn gegessen?“

# 17. Dezember

Frieder hat seinen Beichtzettel verschmissen und druckst herum. Der Kaplan will ihm helfen und sagt: „Wir werden mal gemeinsam überlegen, was da vorliegen könnte. Überlege mal, wie es bei dir mit dem täglichen Gebet aussieht, oder vielleicht hast du versucht, mit dem Messer durch den Schlitz der Sparkasse von deiner großen Schwester das eine oder andere Geldstück herauszufummeln.“ „Nein, das nicht“, sagt Frieder, „aber danke für den guten Tipp.“

# 18. Dezember

Der Pfarrer ruft seine Gemeinde zu Spenden für die Kirchenrenovierung auf. Heute verkündet er: „Ich habe eine gute und eine schlechte Nachricht. Die gute Nachricht ist, dass unsere Gemeinde genügend Geld hat, um unsere Kirche zu renovieren." Staunend nimmt es die Gemeinde zur Kenntnis. Der Pfarrer fährt fort: „Die schlechte Nachricht ist: Noch immer steckt das Geld in euren Portemonnaies."

# 19. Dezember

Im 16. Jahrhundert hielten sich viele Herrscher Alchimisten am Hof, die versuchten, Gold zu machen. Ganze Vermögen gingen bei diesen Experimenten verloren. Papst Leo X. (reg. 1513–1521) glaubte nicht an diese Kunst. Als ein Goldmacher ihm seine Künste anbot, sandte er ihm einen leeren Lederbeutel und schrieb dazu: „Es wird Euch ein Leichtes sein, diesen Beutel selbst mit purem Gold zu füllen."

# 20. Dezember

Sara sitzt vor dem Spiegel und putzt sich. „Du musst doch zugeben, Isidor, hibsch bin ich immer noch, nicht?" „Recht host. Hibsch bist du immer noch nicht!"

# 21. Dezember

„Meyer telegrafiert: Soll ich nach Stettin hait kummen. Levy telegrafiert: Hait noch soll ich nach Bochum kummen. Bin ich a Vogl, doss ich mächt sein an zwej Orten zur glejchen Zeit?“

# 22. Dezember

Sara ist schwer erkrankt und sie ruft ihren Mann ans Bett: „Moische, ich mecht, doss de weißt, ich hob mein Sterbegewand beim Schneider Samuel.“ „Beim Samuel, for wos beim Samuel? Der braucht doch Wochen, bis es fertig is!“

# 23. Dezember

„Richard, kannst du mir fünfzehn Gestalten aus der Bibel nennen?"
„Jesus, Maria, Josef und die zwölf Apostel!"

# 24. Dezember

Noach hat mal wieder die Arche inspiziert und kommt zu seiner Frau in die Küche zurück: „Sag' mal, wir hatten doch auch zwei Puter mit in die Arche genommen, ich hab nur einen gezählt." Gibt seine Frau zurück: „Mein Lieber, du vergisst, wir haben Weihnachten …"

# 25. Dezember

Anlässlich eines Kirchenkonzertes zum Pfarrjubiläum spricht der Pfarrer einige einleitende Worte. Leider ist er musikalisch nicht sehr bewandert, und so vernehmen die erstaunten Besucher: „Deutschland hat viele Komponisten hervorgebracht, die ausgezeichnete Kirchenmusik geschrieben haben. Denken Sie zum Beispiel an Johann Sebastian Bach, um nur drei von ihnen zu nennen."

# 26. Dezember

Pfarrer zum Ministranten: „Du kriegst 1 Mark, wenn du eine Frage beantwortest: Wie viel Haare hatte der Esel an der Krippe?“ – „254678991407.“
„Woher weißt du das denn so genau?“
„Das ist schon die zweite Frage, zuerst die Mark.“

# 27. Dezember

Pfarrer und Kaplan sitzen unbeweglich am Tisch vor einer eröffneten Schachpartie. Nach einer Weile sagt der Kaplan: „Sie sind am Zug."
„Und warum haben Sie mir das nicht schon gestern Abend gesagt?"

# 28. Dezember

Fritzchen geht nach Weihnachten in die Kirche. Dort nimmt er aus der Krippe die Maria mit. Fritzchen geht in eine andere Kirche und nimmt dort den Josef mit. Zu Hause angekommen schreibt er einen Brief: „Liebes Christkind, bitte bringe mir nächstes Weihnachten einen Computer, sonst siehst du deine Eltern nie wieder."

# 29. Dezember

„Warum kommst du ständig zu spät zur heiligen Messe?“, fragt der Pfarrer. „Ich schaffe es nicht, pünktlich aufzuwachen.“
„Hast du keinen Wecker?“
„Doch, aber der klingelt immer, wenn ich noch schlafe!“

# 30. Dezember

Kinderaufsatz
Die Heiligen drei Könige fanden das Kind mit seiner Mutter Maria, sie knieten vor ihm nieder und bettelten es an.

# 31. Dezember

Kohn steht kurz vor der Pleite. Als ein Bekannter ihn fragt, wie die Geschäfte gehen, meint er: „A Dank, ich kenn nicht klagen, bej mir klagen de Gleibiger."

**Quellenverzeichnis**

Alle Witze wurden entnommen aus:

**Martin, Andreas / Rothmann, Robert**: Wer lacht, wird selig
Mit Humor durch die Bibel
**Martin, Andreas / Rothmann, Robert**: Nu, ma lacht!
**Martin, Andreas / Rothmann, Robert**: Am achten Tag schuf Gott das Lachen
**Martin, Andreas / Rothmann, Robert**: Bitte lächeln
Das große Buch des christlichen Humors
**Martin, Andreas / Rothmann, Robert**: Unglaubliches zwischen Himmel und Erde
Das neue Hausbuch des christlichen Humors
**Martin, Andreas / Rothmann, Robert**: ... und der Himmel lacht dazu
**Wezel, Peter**: Selig sind die Humorvollen

Alle Bücher sind erschienen im St. Benno-Verlag, Leipzig